NEW YORK POST

Lethal

Su Doku

NEW YORK POST

Lethal
Su Doku

150 Fiendish Puzzles

Compiled by sudokusolver.com

HARPER

NEW YORK • LONDON • TORONTO • SYDNEY

HARPER

HarperCollins books may be purchased for educational, business, or
sales promotional use. For information, please e-mail the Special Markets
Department at SPsales@harpercollins.com.

ISBN 978-0-06-209471-1

HB 05.08.2023

All puzzles supplied by Lydia Ade and Noah Hearle of sudokusolver.com

Book design by Susie Bell

Contents

Contents

Introduction

Su Doku is a highly addictive puzzle that is always solvable using logic. It has a single rule – complete each Su Doku puzzle by entering the numbers 1 to 9 once in each row, column and 3x3 block.

Many Su Doku puzzles can be solved by using just one solving technique. In the Su Doku puzzle in Fig. 1 below, look to see where the 8 can be placed in the middle left block (highlighted). All squares but one are eliminated by the 8s in the second column and fourth row, leaving only one possible square in which the 8 can be placed.

Fig. 1

			3	1				
	8	7					1	
	9		8	4				
←		2	4	8				6
6		3	9		2	4		1
7	↓			1	6	2		
				5	3		6	
	2					1	3	
			1	6				

You can apply the same technique to place a number in a row or column.

In this puzzle, you will need a slightly harder technique that requires pencil marks. Pencil marks are small numbers, usually written at the top of each unsolved square, listing all the possible values for that square. In the center block, there are just a few unsolved squares, so mark in all the pencil marks for this block, as shown in Fig. 2. One square contains only the 7 pencil mark and can now be solved.

Fig. 2

				3	1			
	8	7					1	
	9		8	4				
		2	4	8	57			6
6		3	9	(7)	2	4		1
7		8	35	1	6	2		
				5	3		6	
	2					1	3	
			1	6				

Remember, every Su Doku puzzle has one unique solution, which can always be found by logic, not guesswork. You can find details on more complex solving techniques and generate Su Doku puzzles at sudokusolver.com.

Puzzles

1

4							8	1
6			3			9		
	8			5	1			
		8	7		2		5	
		6				4		
	3		5		9	8		
			1	3			2	
		1			7			4
3	4							7

Lethal

2

		8	5	1		7		
					4	1		
4						6	5	3
1					6		7	
2								6
	9		4					5
8	5	4						7
		2	6					
		6		5	3	2		

3

	1	2			6			
						4		9
	3		8					6
3				1		7		
			9	8	7			
		8		4				1
5					1		2	
7		9						
			2			6	7	

Lethal

4

4	1						6	8
2				1				9
8		9				5		3
			3	5	4			
				9				
			7	2	1			
7		6				8		1
3				7				6
1	5						3	7

5

		1			8			
		7		9		8	3	
6	8						5	
	1			4			9	
			9	2	1			
	3			5			7	
	6						4	9
	7	2		6		3		
			4			6		

Lethal

6

7		3	4	1				2
	2				9		8	
			5					3
	3					6		1
8								4
9		6					3	
5					4			
	8		6				4	
3				2	5	7		8

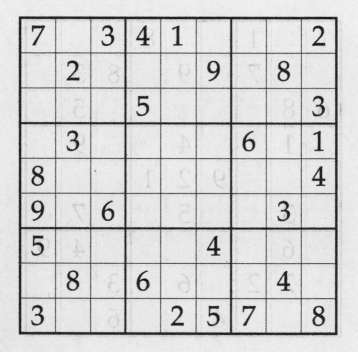

7

	2	9			4			
		7						8
			7		8		1	2
5		2	1		7	3		
				6				
		3	4		2	1		7
2	7		8		6			
9						8		
			3			2	4	

Lethal

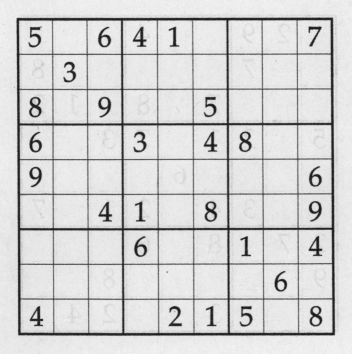

8

5		6	4	1				7
	3							
8		9			5			
6			3		4	8		
9								6
		4	1		8			9
			6			1		4
							6	
4				2	1	5		8

9

		9				6		
	8						9	
6			9		4			3
	6		4	7	5		8	
		1				2		
	5		8	2	1		3	
3			5		2			4
	1						2	
		8				9		

Lethal

10

	3		6		5		1	
				1				9
5			3					
2		7			3			
	1		2		4		8	
			9			5		1
					6			8
7				3				
	9		5		8		3	

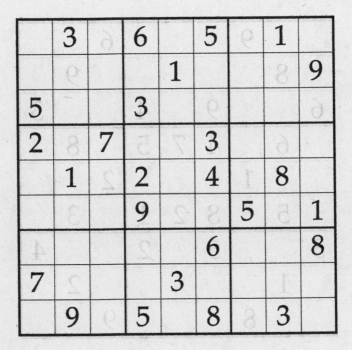

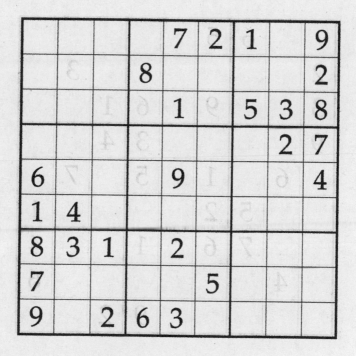

				7	2	1		9
			8					2
				1		5	3	8
							2	7
6				9				4
1	4							
8	3	1		2				
7					5			
9		2	6	3				

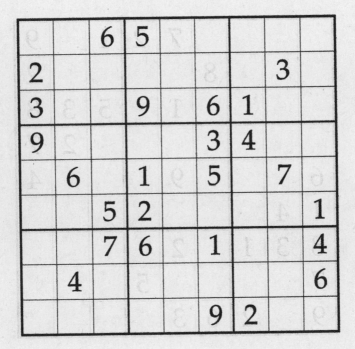

		6	5					
2							3	
3			9		6	1		
9					3	4		
	6		1		5		7	
		5	2					1
		7	6		1			4
	4							6
					9	2		

13

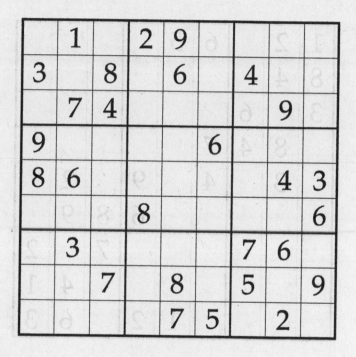

	1		2	9				
3		8		6		4		
	7	4					9	
9					6			
8	6						4	3
			8					6
	3					7	6	
		7		8		5		9
				7	5		2	

Lethal

14

1	2		6	5				
8	4							
3		6						
	8	4	7					
	3		4		9		2	
					6	8	9	
						7		2
							4	1
				1	2		6	3

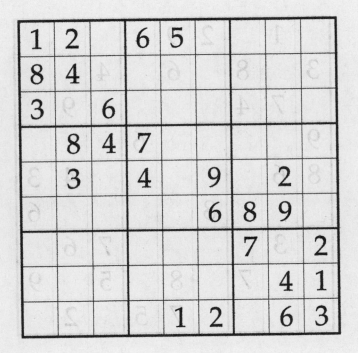

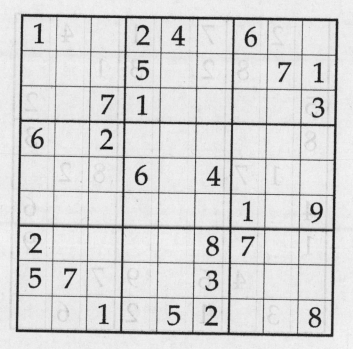

1			2	4		6		
			5				7	1
		7	1					3
6		2						
			6		4			
						1		9
2					8	7		
5	7				3			
		1		5	2			8

Lethal

	2		7		1		4	
		8	2		3	1		
5								2
8								3
	1	7				8	2	
4								6
1								9
		4	6		9	7		
	3		1		2		6	

		2			3		7	
4	8				6		2	
			2	8				1
6	9					2		
		1		9		3		
		5					9	6
2				1	7			
	3		8				1	2
	4		3			7		

Lethal

				9			8	
7			4		2			
		2	1		3	5		
	6	7				8	3	
9								6
	2	1				7	4	
		4	6		5	9		
			9		4			2
	1			3				

19

9								7
		6	8	3	4	1		
4		1				6		8
			5	8	6			
3		5		1		2		6
			3	9	2			
5		3				7		2
		4	7	5	8	9		
8								4

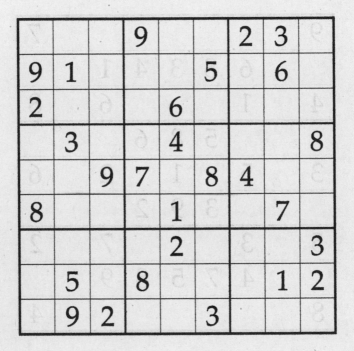

			9			2	3	
9	1				5		6	
2				6				
	3			4				8
		9	7		8	4		
8				1			7	
				2				3
	5		8				1	2
	9	2			3			

	4							3
6		2	9		8			
		8		5	1			
	5					9		
1		4				5		6
		9					1	
			1	7		2		
			2		5	3		8
7							5	

8		9		5		1		6
			3	9	8			
7								4
4	3			7			5	1
5								2
			2	1	6			
9		1		3		4		5

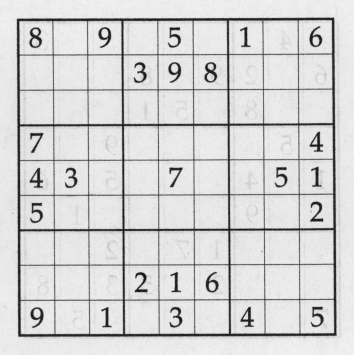

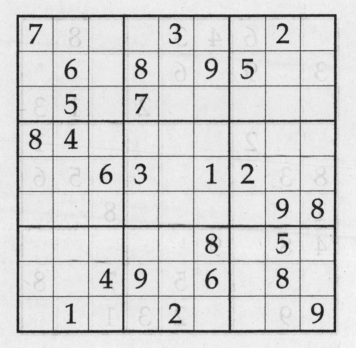

7				3			2	
	6		8		9	5		
	5		7					
8	4							
		6	3		1	2		
							9	8
					8		5	
		4	9		6		8	
	1			2				9

Lethal

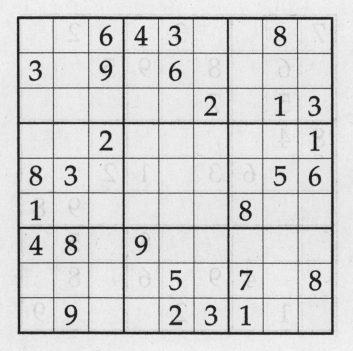

		6	4	3			8	
3		9		6				
					2		1	3
		2						1
8	3						5	6
1						8		
4	8		9					
				5		7		8
	9			2	3	1		

25

		7	1	6			9	
4	9			2			3	
			9					7
						9		3
9	4						5	6
7		5						
8					5			
	2			3			8	9
	6			1	8	2		

Lethal

	8		2		1	6		
						3		7
9					7		8	
	9		8					4
4		6				1		8
2					6		7	
	2		7					6
6		5						
		3	6		4		2	

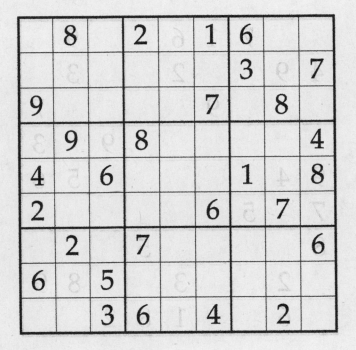

5					9	4		2
	1	2		5			3	
8							1	
6			3		4			
	4			8			9	
			9		5			1
	7							9
	5			4		8	7	
3		1	5					4

Lethal

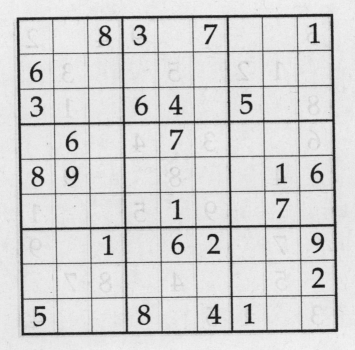

		8	3		7			1
6								
3			6	4		5		
	6			7				
8	9						1	6
				1			7	
		1		6	2			9
								2
5			8		4	1		

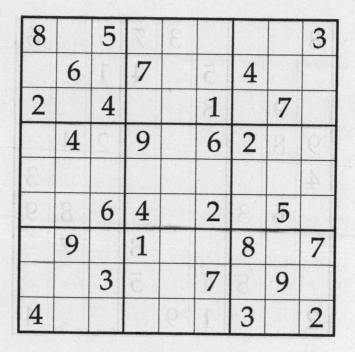

8		5						3
	6		7			4		
2		4			1		7	
	4		9		6	2		
		6	4		2		5	
	9		1			8		7
		3			7		9	
4						3		2

Lethal

8				3	7			6
			5		4	1		
	9		8					
9	8					2	4	
4								3
	6	3					8	9
					8		7	
		8	4		5			
2			1	9				4

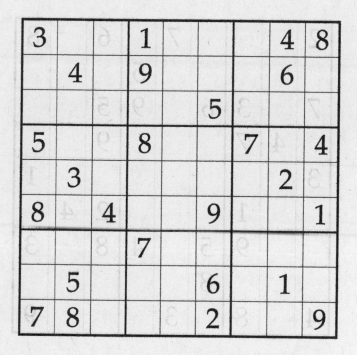

3			1				4	8
	4		9				6	
					5			
5			8			7		4
	3						2	
8		4			9			1
			7					
	5				6		1	
7	8				2			9

Lethal

2				7		6		8
					5			
7		3	6		9	5		
	4	7				9		
3								1
		1				2	4	
		9	5		4	8		3
			8					
4		8		3				9

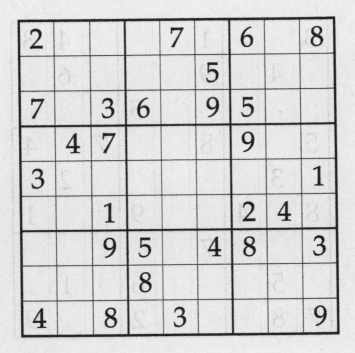

	1		6	3		4		
	8		9		1		3	6
4								
	7						4	2
8				7				9
3	9						5	
								4
6	3		4		9		8	
		4		6	7		9	

Lethal

34

				5	3			2
		9					3	7
			8			6	5	
5			3	8			6	
4								5
	3			4	5			8
	9	3			7			
1	6					5		
2			4	3				

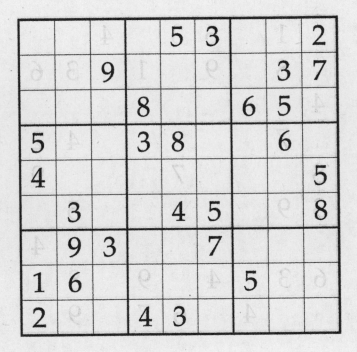

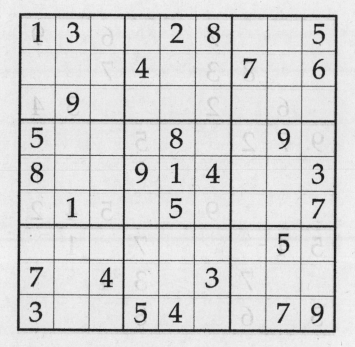

1	3			2	8			5
			4			7		6
	9							
5				8			9	
8			9	1	4			3
	1			5				7
							5	
7		4			3			
3			5	4			7	9

Lethal

36

			7			6		9
		8	3			7		
	6		2				5	4
9	7	2			5			
			9			5	4	2
5	4				7		1	
		7			3	4		
3		6			8			

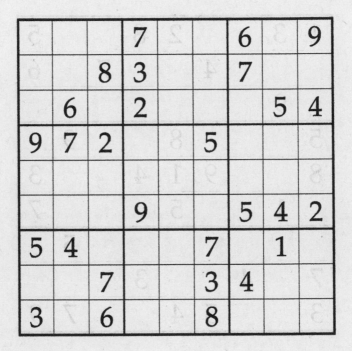

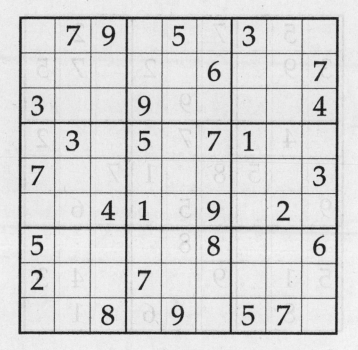

	7	9		5		3		
					6			7
3			9					4
	3		5		7	1		
7								3
		4	1		9		2	
5					8			6
2			7					
		8		9		5	7	

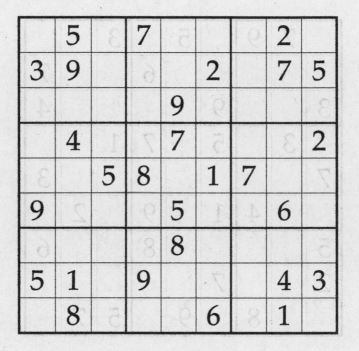

	5		7				2	
3	9				2		7	5
				9				
	4			7				2
		5	8		1	7		
9				5			6	
				8				
5	1		9				4	3
	8				6		1	

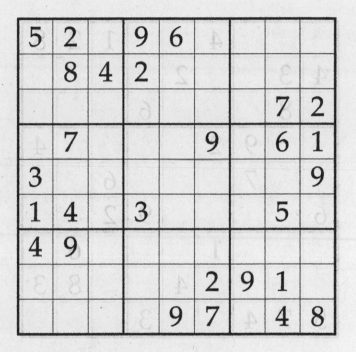

5	2		9	6				
	8	4	2					
							7	2
	7				9		6	1
3								9
1	4		3				5	
4	9							
					2	9	1	
				9	7		4	8

Lethal

40

			4			1	2	8
4	3			2				
	8				6			
		9	2					4
		7				6		
6					9	2		
			1				6	
				4			8	3
5	7	4			3			

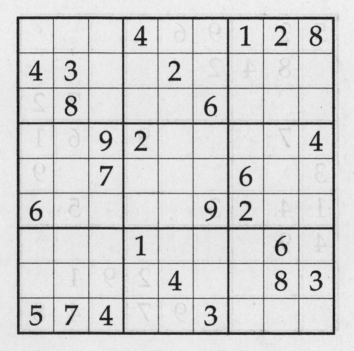

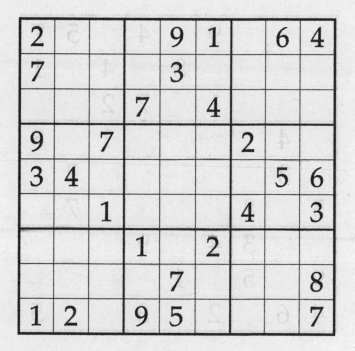

41

2				9	1		6	4
7				3				
			7		4			
9		7				2		
3	4						5	6
		1				4		3
			1		2			
				7				8
1	2		9	5				7

Lethal

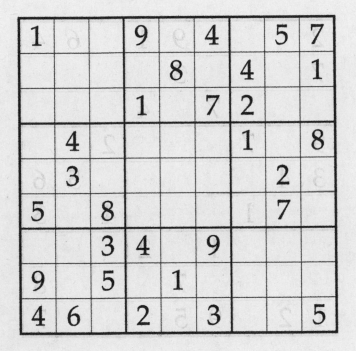

1			9		4		5	7
				8		4		1
			1		7	2		
	4					1		8
	3						2	
5		8					7	
		3	4		9			
9		5		1				
4	6		2		3			5

	7				8		4	
		1	3			5		2
		8	4	1				
8		3	6					
			8		7			
					9	2		8
				8	1	4		
4		6			3	7		
	2		7				9	

Lethal

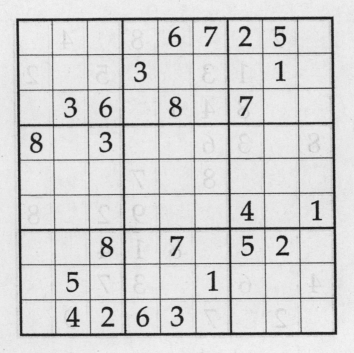

44

				6	7	2	5	
			3				1	
	3	6		8		7		
8		3						
						4		1
		8		7		5	2	
	5				1			
	4	2	6	3				

4								5
				9	3			
		7	5		1	3		
	7	8				9		
	1			4			2	
		3				7	5	
		5	1		6	4		
			9	7				
6								8

Lethal

46

	7	6		2		3		
9				6				
3					4	8		7
			4			7		
8	6						3	5
		3			2			
5		1	3					9
				9				8
		9		8		1	7	

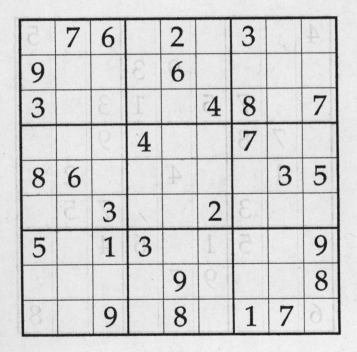

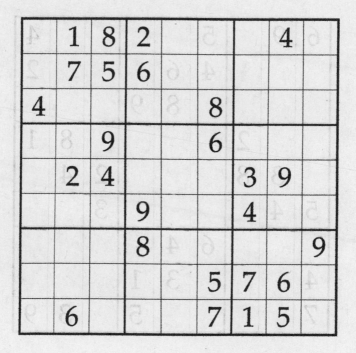

	1	8	2				4	
	7	5	6					
4					8			
		9			6			
	2	4				3	9	
			9			4		
			8					9
					5	7	6	
	6				7	1	5	

48

6	9		5					4
			4	6				2
				8	9			
		2					8	1
	3	8				2	4	
5	4					3		
			6	4				
4				3	1			
7					5		3	9

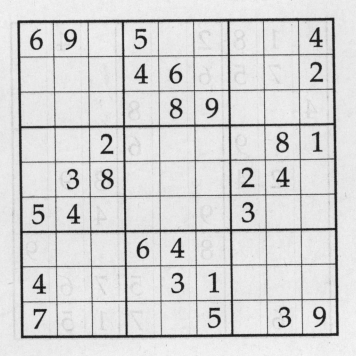

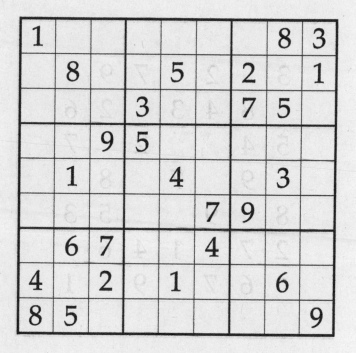

1							8	3
	8			5		2		1
			3			7	5	
		9	5					
	1			4			3	
					7	9		
	6	7			4			
4		2		1			6	
8	5							9

Lethal

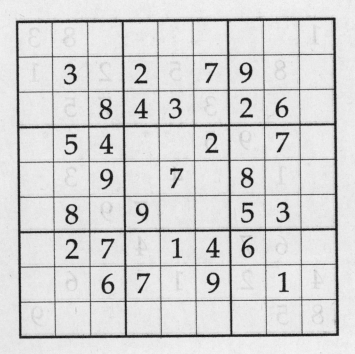

	3		2		7	9		
		8	4	3		2	6	
	5	4			2		7	
		9		7		8		
	8		9			5	3	
	2	7		1	4	6		
		6	7		9		1	

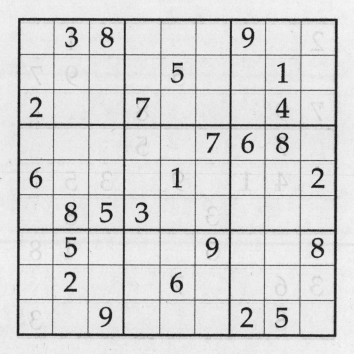

51

	3	8				9		
				5			1	
2			7				4	
					7	6	8	
6				1				2
	8	5	3					
	5				9			8
	2			6				
		9				2	5	

Lethal

2							1	
				5			9	7
7	9				8			
	7				5			
	4	1		9		3	5	
			3				8	
			5				4	8
3	6			7				
	8							3

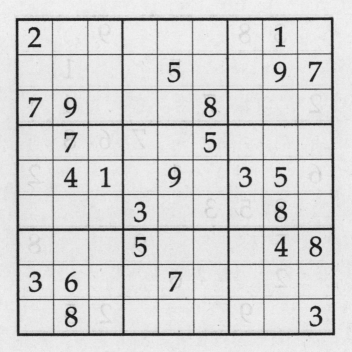

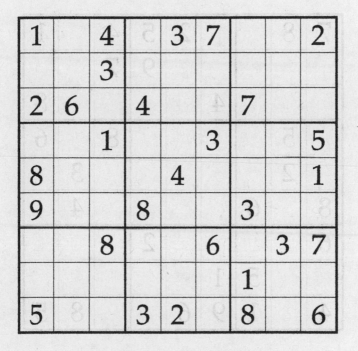

1		4		3	7			2
		3						
2	6		4			7		
		1			3			5
8				4				1
9			8			3		
		8			6		3	7
						1		
5			3	2		8		6

Lethal

7	8			2	5	4		1
					9	7		
			4					8
	5					8		6
	2						3	
8		6					4	
6					2			
		5	1					
4		1	9	6			8	5

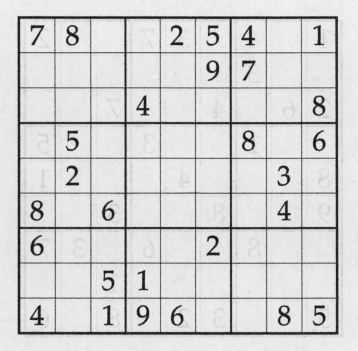

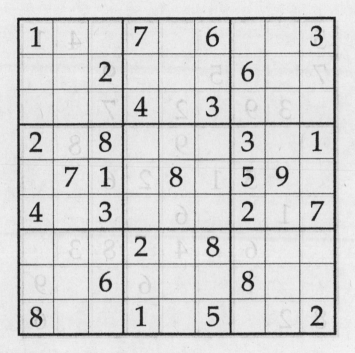

1			7		6			3
		2				6		
			4		3			
2		8				3		1
	7	1		8		5	9	
4		3				2		7
			2		8			
		6				8		
8			1		5			2

Lethal

5							4	1
7			5			9		
	3	9		2		7		
				9			8	
		5	1		2	6		
	1			6				
		6		4		8	3	
		1			6			9
8	2							6

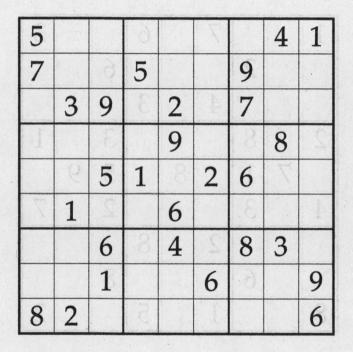

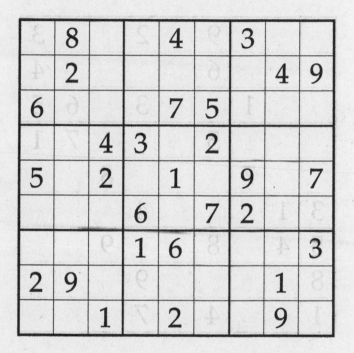

	8			4		3		
	2						4	9
6				7	5			
		4	3		2			
5		2		1		9		7
			6		7	2		
			1	6				3
2	9						1	
		1		2			9	

			9		2			3
			6					4
		1			3		6	5
			5				7	1
		7				8		
3	1				4			
5	4		8			9		
8					9			
1			4		7			

Su Doku

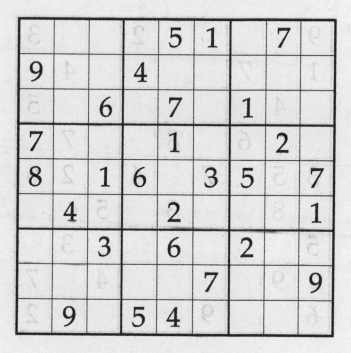

				5	1		7	
9			4					
		6		7		1		
7				1			2	
8		1	6		3	5		7
	4			2				1
		3		6		2		
					7			9
	9		5	4				

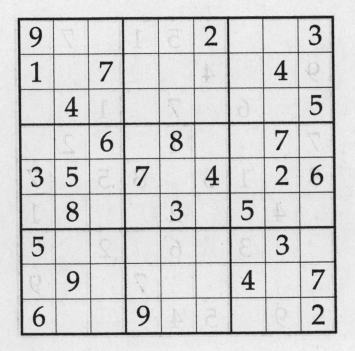

9					2			3
1		7					4	
	4							5
		6		8			7	
3	5		7		4		2	6
	8			3		5		
5							3	
	9					4		7
6			9					2

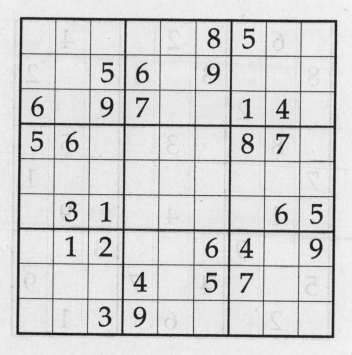

61

					8	5		
		5	6		9			
6		9	7			1	4	
5	6					8	7	
	3	1					6	5
	1	2			6	4		9
			4		5	7		
		3	9					

Lethal

62

	6			2			4	
8			3		1			2
		2				1		
	8			3			5	
7								1
	1			4			9	
		9				3		
5			4		7			9
	2			6			1	

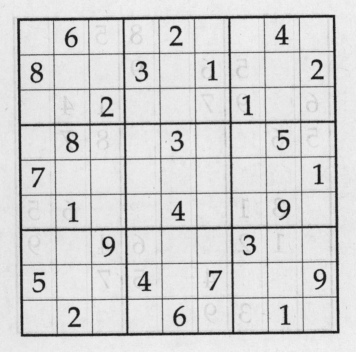

7	6						5	
				4	5			
5		8	9			2		
	3		7			9		
			6		3			
		5			2		7	
		6			9	5		8
			2	7				
	8						2	9

Lethal

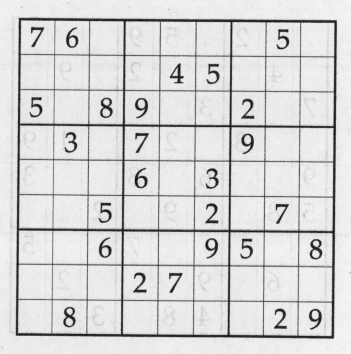

		2		5	9			
	4				2		9	
7			3					
		3		2			1	9
9			6		8			3
5	8			9		2		
					7			5
	6		9				2	
			4	8		3		

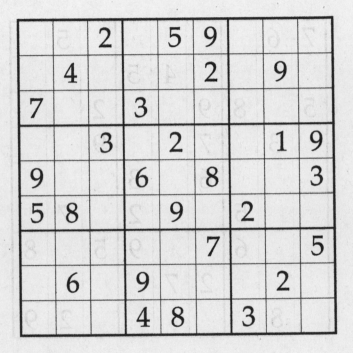

65

					3		8	
4						7		
	9	3		7	2	5		
1		9		8				
		5	3		7	1		
				6		3		8
		2	7	3		4	5	
		7						3
	1		5					

Lethal

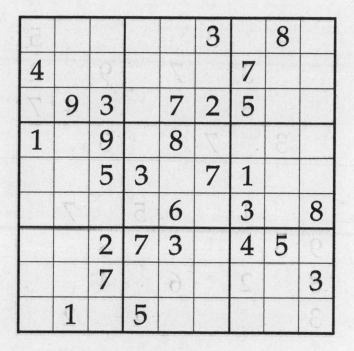

	4		3					5
		3		7		9		2
		8					4	7
	3		7			5		
		1			5		7	
9	5					8		
8		2		6		4		
3					4		2	

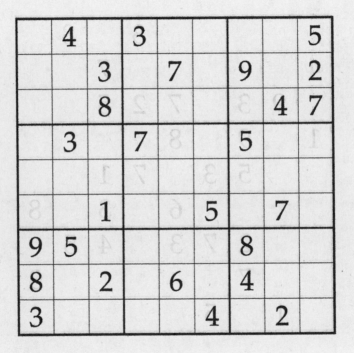

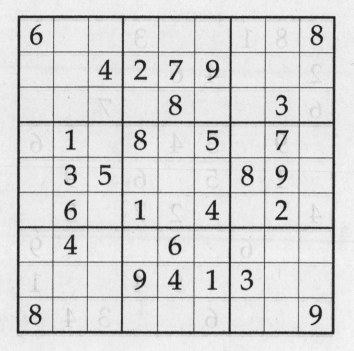

6								8
		4	2	7	9			
				8			3	
	1		8		5		7	
	3	5				8	9	
	6		1		4		2	
	4			6				
			9	4	1	3		
8								9

68

	8	1			3			
2			4	6				
6						7		
	9		3	4				6
	1		5		6		9	
4				2	7		5	
		6						9
				9	4			1
			6			3	4	

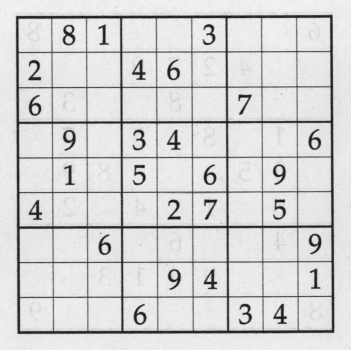

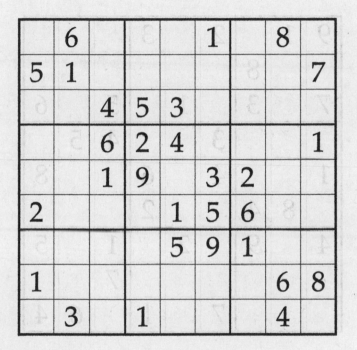

	6				1		8	
5	1							7
		4	5	3				
		6	2	4				1
		1	9		3	2		
2				1	5	6		
				5	9	1		
1							6	8
	3		1				4	

Lethal

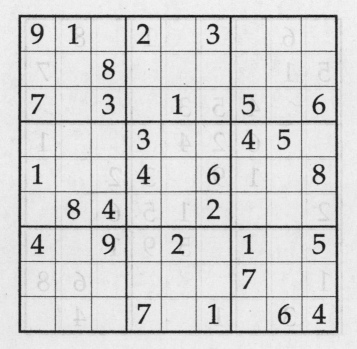

9	1		2		3			
		8						
7		3		1		5		6
			3			4	5	
1			4		6			8
	8	4			2			
4		9		2		1		5
						7		
			7		1		6	4

Su Doku

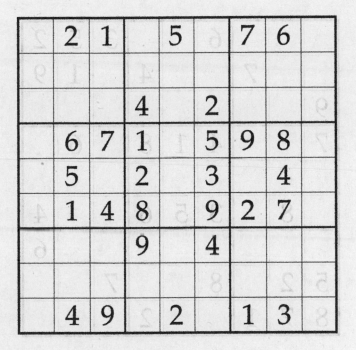

	2	1		5		7	6	
			4		2			
	6	7	1		5	9	8	
	5		2		3		4	
	1	4	8		9	2	7	
			9		4			
	4	9		2		1	3	

Lethal

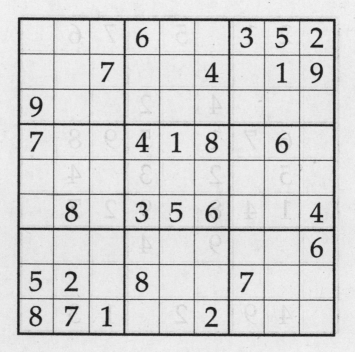

			6			3	5	2
		7			4		1	9
9								
7			4	1	8		6	
	8		3	5	6			4
								6
5	2		8			7		
8	7	1			2			

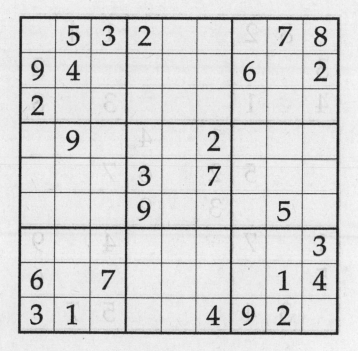

	5	3	2				7	8
9	4					6		2
2								
	9				2			
			3		7			
			9				5	
								3
6		7					1	4
3	1				4	9	2	

Lethal

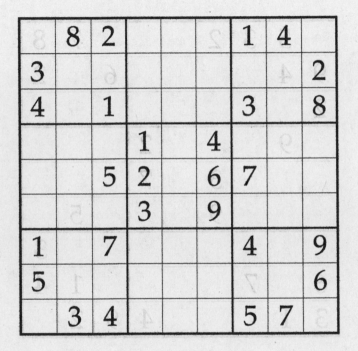

74

	8	2				1	4	
3								2
4		1				3		8
			1		4			
		5	2		6	7		
			3		9			
1		7				4		9
5								6
	3	4				5	7	

		7		3			2	
6			2			5		
	8		5					3
				5		1	7	
8			3		2			9
	9	4		8				
4					5		8	
		8			6			5
	2			4		9		

Lethal

76

8			3	6				
			8		9			
		9				6	8	
		7		9			4	5
1	6			8		9		
	9	2				1		
			9		3			
				5	4			3

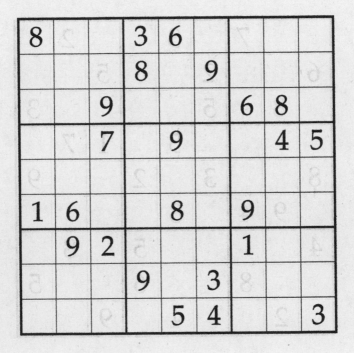

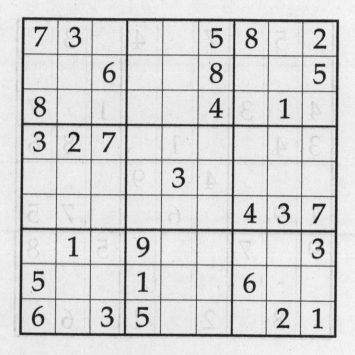

7	3				5	8		2
		6			8			5
8					4		1	
3	2	7						
				3				
						4	3	7
	1		9					3
5			1			6		
6		3	5				2	1

Lethal

78

	5		7		4		3	
4		3				1		7
3	4			1			8	6
			4		9			
1	9			6			7	5
9		7				5		8
	8		2		1		6	

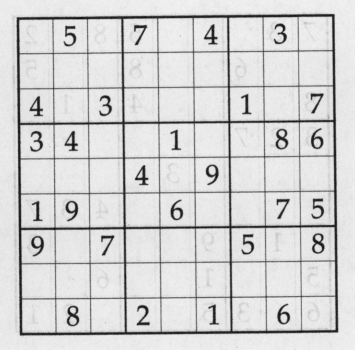

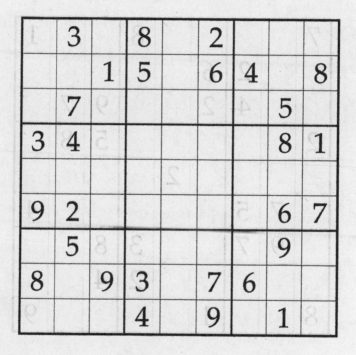

	3		8		2			
		1	5		6	4		8
	7						5	
3	4						8	1
9	2						6	7
	5						9	
8		9	3		7	6		
			4		9		1	

7			8					1
		2	6					
		4	2			9	7	
2						5	8	
				2				
	7	5						4
	9	7			3	8		
					2	4		
8			1					9

Su Doku

				9			4	
			5	8				2
5	1		4	3				
		3				4	8	
	9	1				3	7	
	8	7				2		
				2	4		6	7
9				5	3			
	7			6				

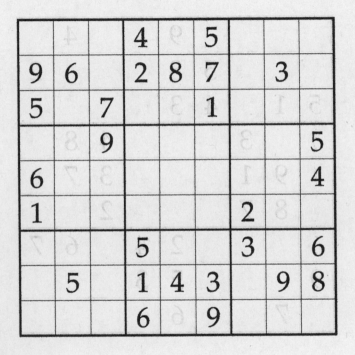

			4		5			
9	6		2	8	7		3	
5		7			1			
		9						5
6								4
1						2		
			5			3		6
	5		1	4	3		9	8
			6		9			

		8	5					4
		4						
	7				3	8		1
8	4			9				
		6		2		4		
				6			7	8
3		2	9				1	
						2		
9					7	3		

Lethal

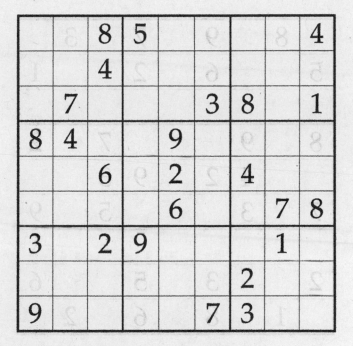

	8		9		7		3	
5			6		2			1
8		9				7		2
		4	2		9	3		
7		3				5		9
2			3		5			6
	1		8		6		2	

	6						9	
	7		4	8	9		5	
2				3				8
		2				5		
		3	9		1	4		
		7				3		
4				1				5
	3		8	5	4		6	
	1						3	

Lethal

8					1		6	4
5		4		3		9	7	
3		2		5				
9			7	4	6			3
				1		4		9
	9	5		6		7		2
1	2		4					6

87

7				3			8	
	8	4	6			2	7	
		2				9		
		8			9			
	3		2		6		4	
			5			7		
		1				3		
	9	3			7	4	2	
	2			5				1

Lethal

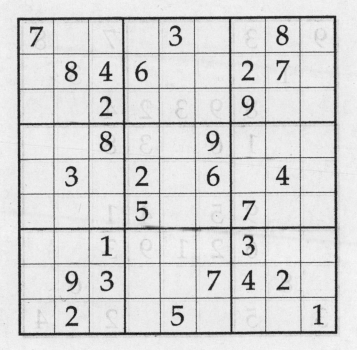

9		3				7		8
	1						3	
		8	9	3	2	4		
		1	6		3	8		
		9	5		4	1		
		6	2	1	9	3		
	8						6	
3		5				2		4

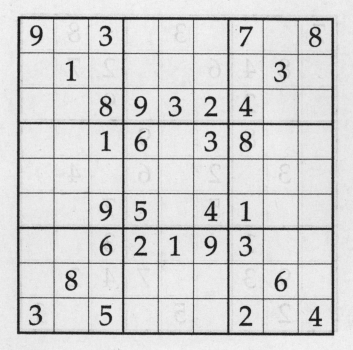

89

				8			7	2
3					2			6
		1				8		
1					8			
	7	5		3		2	4	
			7					9
		3				5		
9			8					1
2	6			5				

Lethal

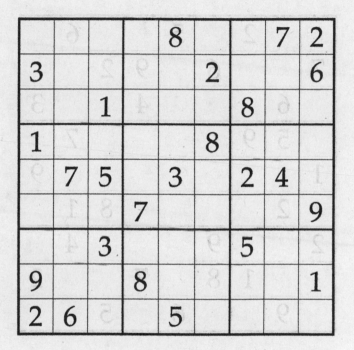

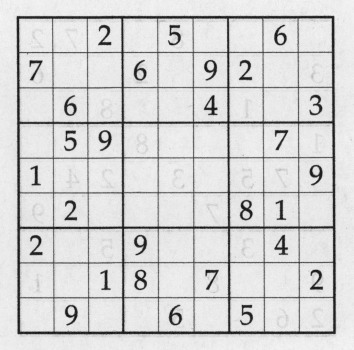

		2		5			6	
7			6		9	2		
	6				4			3
	5	9					7	
1								9
	2					8	1	
2			9				4	
		1	8		7			2
	9			6		5		

Su Doku

1			5		6	3		9
	3		7			2		
		5	4					
7	2							
9		8				5		2
							6	7
					5	8		
		1			8		5	
5		7	3		4			1

Lethal

9						6		
			8	3			7	9
	1	7	9					
2					9		1	
		1	7		2	3		
	4		5					6
					5	9	8	
7	8			9	4			
		2						4

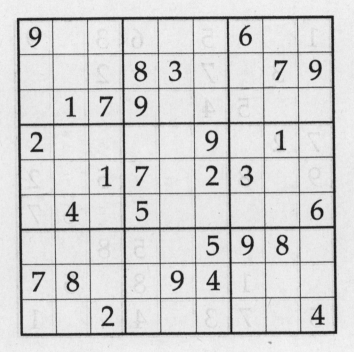

93

					2			9
	5	1	7					
	7	8		3				
	4		6	8				7
		7	2		3	4		
6				7	5		3	
				2		8	9	
					7	5	2	
3			9					

Lethal

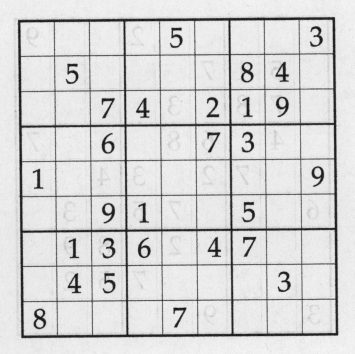

94

				5				3
	5					8	4	
		7	4		2	1	9	
		6			7	3		
1								9
		9	1			5		
	1	3	6		4	7		
	4	5					3	
8				7				

95

8	5				4			3
		2		8				7
			6	1			8	
7						3		
	3	6				2	4	
		8						1
	4			5	7			
9				6		7		
2			3				5	9

Lethal

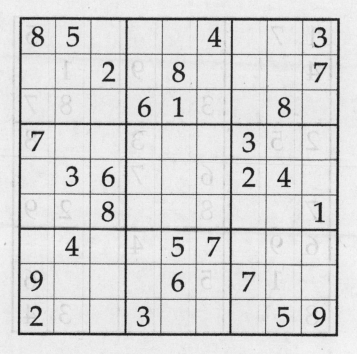

1	7							5
4					9		1	
			3				8	7
2	5				3			8
			6		7			
7			8				2	9
6	9				4			
	1		5					6
8							3	4

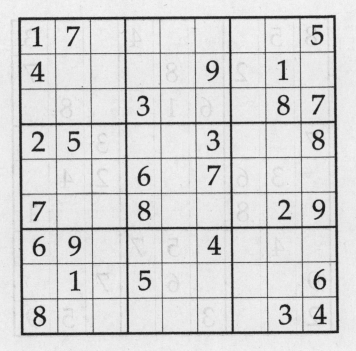

97

				6	4		1	
4		7	5					
		6	3			9	5	
3						1	8	
7								6
	8	1						5
	4	2			3	8		
					6	5		1
	1		9	5				

Lethal

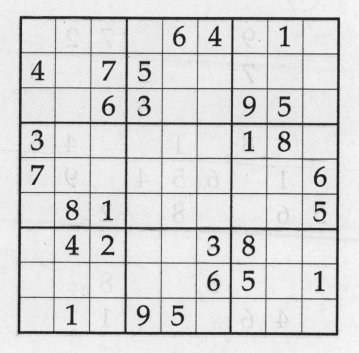

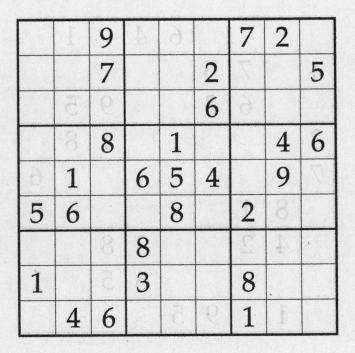

98

		9				7	2	
		7			2			5
					6			
		8		1			4	6
	1		6	5	4		9	
5	6			8		2		
			8					
1			3			8		
	4	6				1		

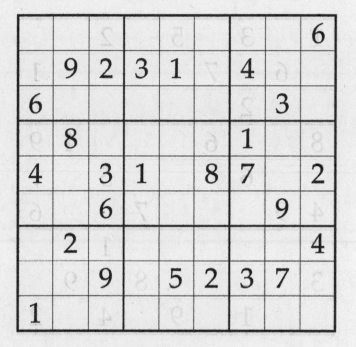

99

								6
	9	2	3	1		4		
6							3	
	8					1		
4		3	1		8	7		2
		6					9	
	2							4
		9		5	2	3	7	
1								

1		3		5		2		
	6		7					1
		2						
8			6				4	9
		6				5		
4	9				7			6
						1		
3					8		9	
		1		9		4		2

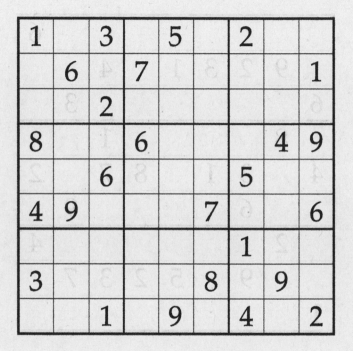

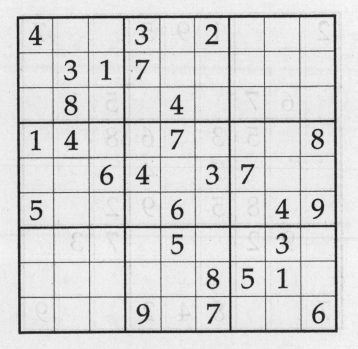

4			3		2			
	3	1	7					
	8			4				
1	4			7				8
		6	4		3	7		
5				6			4	9
				5			3	
					8	5	1	
			9		7			6

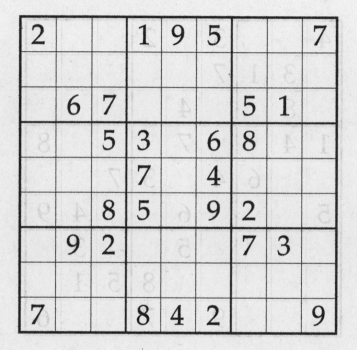

2			1	9	5			7
	6	7				5	1	
		5	3		6	8		
			7		4			
		8	5		9	2		
	9	2				7	3	
7			8	4	2			9

Su Doku

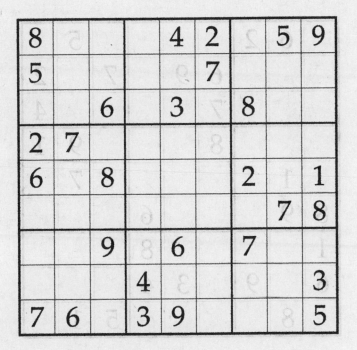

8				4	2		5	9
5					7			
		6		3		8		
2	7							
6		8				2		1
							7	8
		9		6		7		
			4					3
7	6		3	9				5

Lethal

	6	2					5	
			6	9		7		2
			7					4
			8				9	1
	1						7	
8	9				6			
1					8			
6		9		3	4			
	8					5	1	

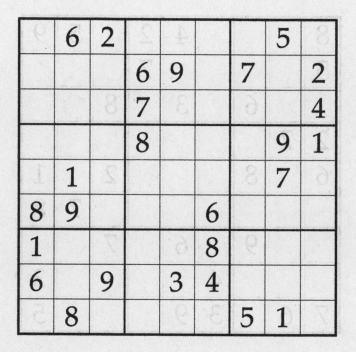

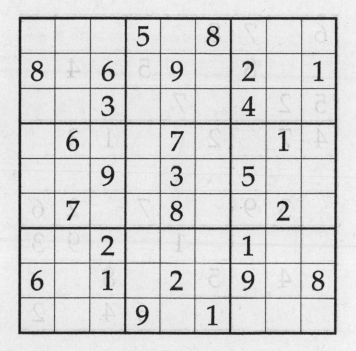

			5		8			
8		6		9		2		1
		3				4		
	6			7			1	
		9		3		5		
	7			8			2	
		2				1		
6		1		2		9		8
			9		1			

Lethal

6		7	8					
		8			5		4	
5	2			7				
4	7		2			1	3	
	3	9			7		2	6
				1			9	3
	4		5			8		
					6	4		2

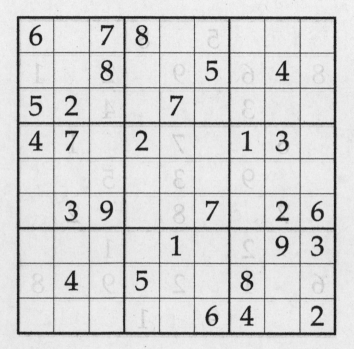

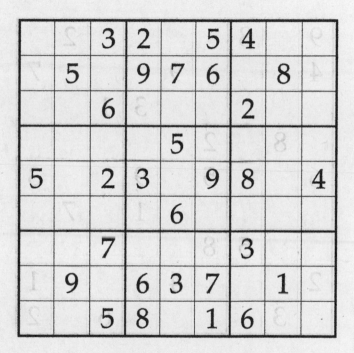

		3	2		5	4		
	5		9	7	6		8	
		6				2		
				5				
5		2	3		9	8		4
				6				
		7				3		
	9		6	3	7		1	
		5	8		1	6		

Lethal

9		8					2	
4				9				7
					3	1		
	8		2					
6			5		9			3
					1		7	
		5	8					
2				4				1
	3					6		2

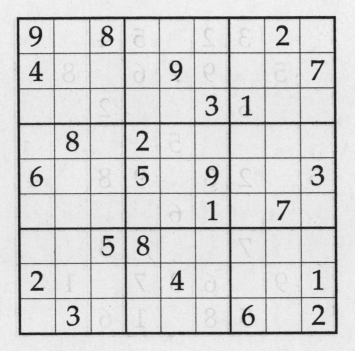

109

		5						
	3			7				
4	1	2	9					
		4			9	6	8	
7			6		4			5
	5	9	3			2		
					1	3	7	2
				3			4	
						5		

Lethal

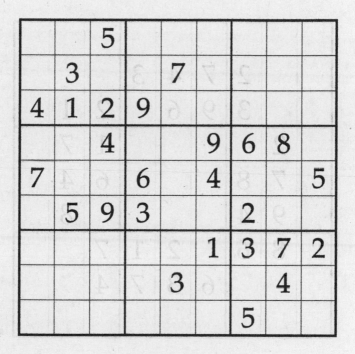

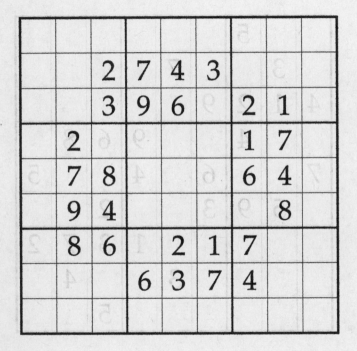

		2	7	4	3			
		3	9	6		2	1	
	2					1	7	
	7	8				6	4	
	9	4					8	
	8	6		2	1	7		
			6	3	7	4		

111

5			9	1		8		
8		2			7			5
	4	3		5				
7							8	
		6				3		
	2							7
				6		7	9	
4			1			5		3
		5		7	3			8

Lethal

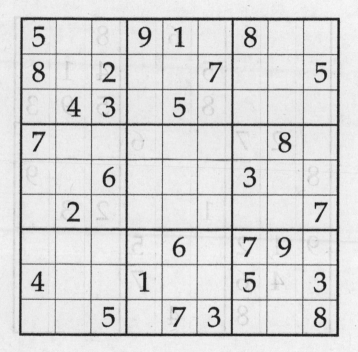

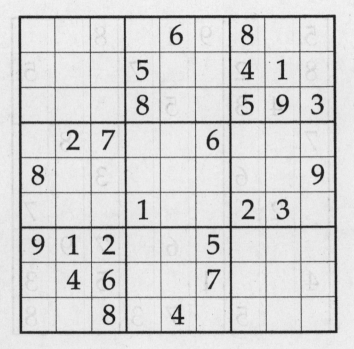

				6		8		
			5			4	1	
			8			5	9	3
	2	7			6			
8								9
			1			2	3	
9	1	2			5			
	4	6			7			
		8		4				

1								6
	3	5	9		6		1	
			4		7		8	
	8	1				6	5	
	5	9				4	3	
	6		1		5			
	1		7		3	8	4	
5								9

Lethal

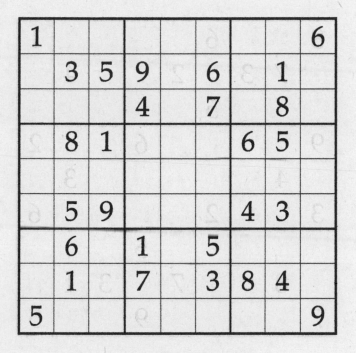

8			6					1
	7	3		2			4	
			5					
9					6			2
	4						3	
3			2					6
					5			
	8			7		3	1	
7					9			5

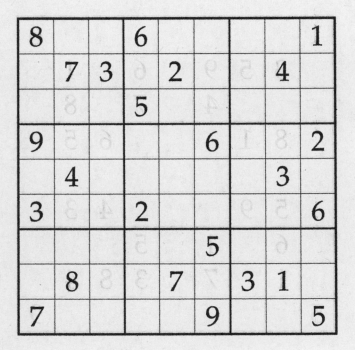

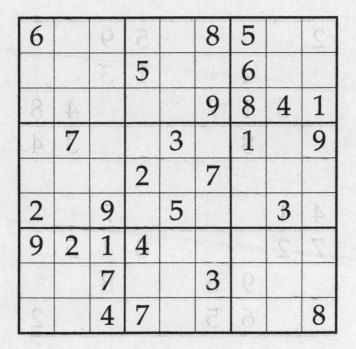

6					8	5		
			5			6		
					9	8	4	1
	7			3		1		9
			2		7			
2		9		5			3	
9	2	1	4					
		7			3			
		4	7					8

Lethal

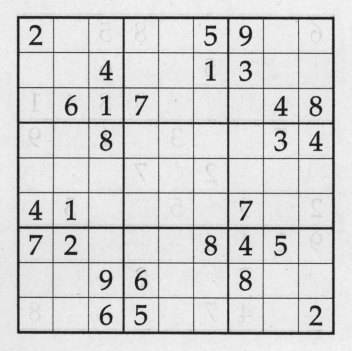

2					5	9		
		4			1	3		
	6	1	7				4	8
		8					3	4
4	1					7		
7	2				8	4	5	
		9	6			8		
		6	5					2

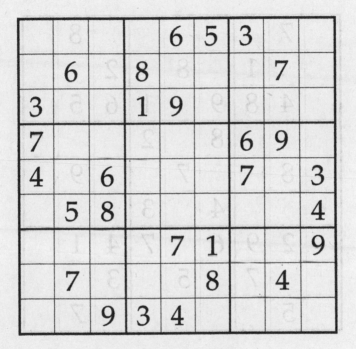

117

				6	5	3		
	6		8				7	
3			1	9				
7						6	9	
4		6				7		3
	5	8						4
				7	1			9
	7				8		4	
		9	3	4				

Lethal

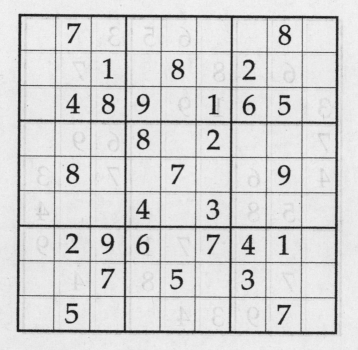

	7						8	
		1		8		2		
	4	8	9		1	6	5	
			8		2			
	8			7			9	
			4		3			
	2	9	6		7	4	1	
		7		5		3		
	5						7	

Su Doku

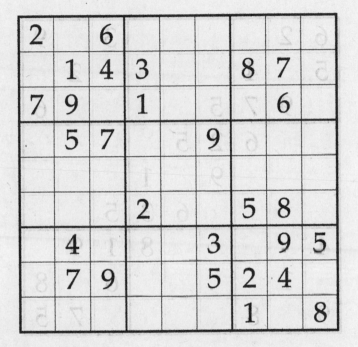

119

2		6						
	1	4	3			8	7	
7	9		1				6	
	5	7			9			
			2			5	8	
	4				3		9	5
	7	9			5	2	4	
						1		8

Lethal

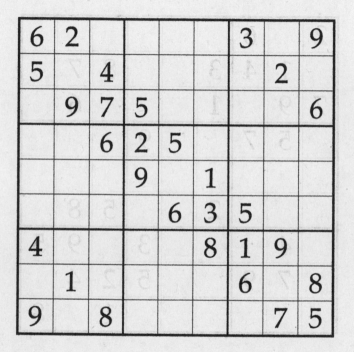

6	2					3		9
5		4					2	
	9	7	5					6
		6	2	5				
			9		1			
				6	3	5		
4					8	1	9	
	1					6		8
9		8					7	5

Su Doku

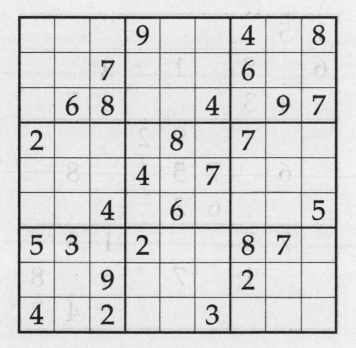

121

			9			4		8
		7				6		
	6	8			4		9	7
2				8		7		
			4		7			
		4		6				5
5	3		2			8	7	
		9				2		
4		2			3			

1	5							
6		8		1		9		
	4	3				8	7	
				9	2			
	6		7	5	1		8	
			6	3				
	7	5				1	3	
		1		7		6		8
							4	7

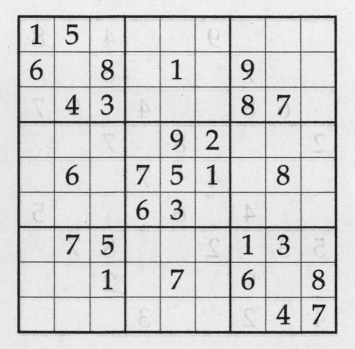

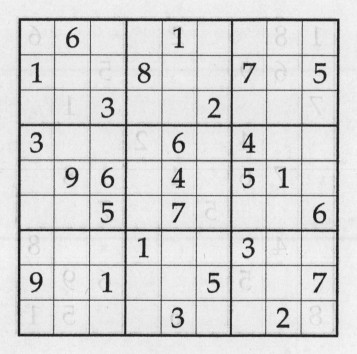

	6			1				
1			8			7		5
		3			2			
3				6		4		
	9	6		4		5	1	
		5		7				6
			1			3		
9		1			5			7
				3			2	

Lethal

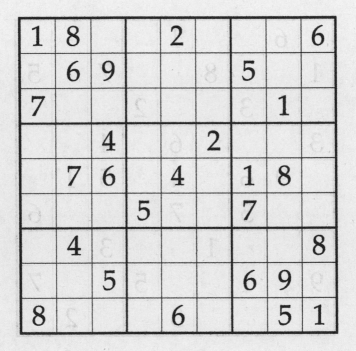

124

1	8			2				6
	6	9				5		
7							1	
		4			2			
	7	6		4		1	8	
			5			7		
	4							8
		5				6	9	
8				6			5	1

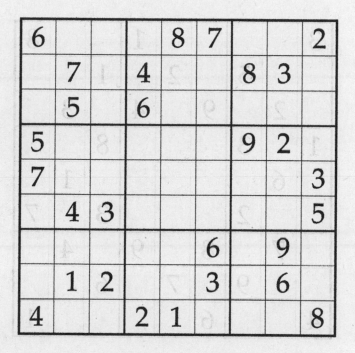

6				8	7			2
	7		4			8	3	
	5		6					
5						9	2	
7								3
	4	3						5
					6		9	
	1	2			3		6	
4			2	1				8

126

3					1			8
		5		2		1		
	2		9		4		3	
1		3				8		
	6						1	
		2				3		7
	7		8		9		4	
		9		7		6		
4			6					1

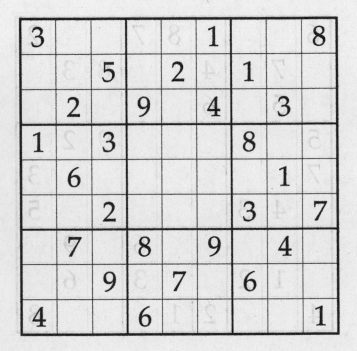

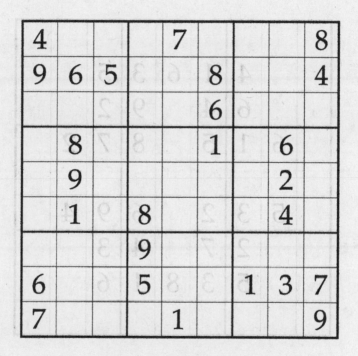

4				7				8
9	6	5			8			4
					6			
	8				1		6	
	9						2	
	1		8				4	
			9					
6			5			1	3	7
7				1				9

		4	1	6	3	5		
		6	4		9	2		
	6	1	5		8	7	2	
	5	3	2		6	9	4	
		2	7		4	3		
		5	3	8	1	6		

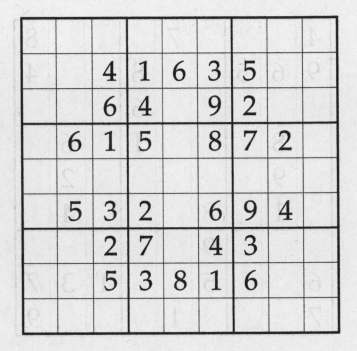

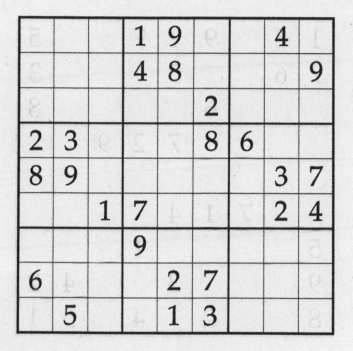

			1	9			4	
			4	8				9
					2			
2	3				8	6		
8	9						3	7
		1	7				2	4
			9					
6				2	7			
	5			1	3			

Lethal

1	8		9		7			5
7	6			5				3
			6					8
				7	2	9		
		7	1	4				
5					1			
9				3			4	2
8			2		4		5	1

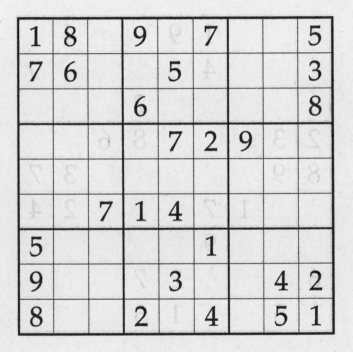

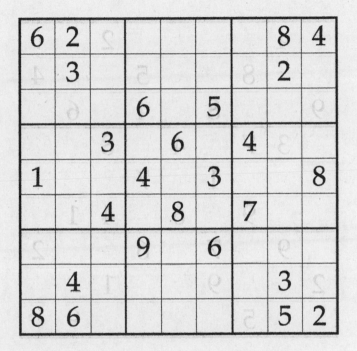

6	2						8	4
	3						2	
			6		5			
		3		6		4		
1			4		3			8
		4		8		7		
			9		6			
	4						3	
8	6						5	2

Lethal

	4					2		
		8			5			4
9			8		4		6	
	3	7		4		8		
			1		7			
		9		6		4	1	
	9		7		6			2
2			9			1		
		5					9	

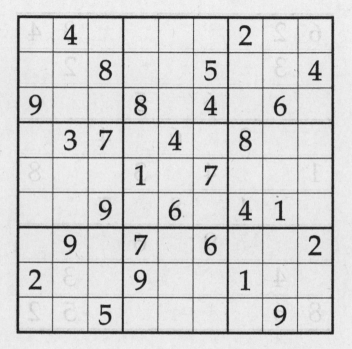

3	2							9
			3			1		2
	9	8			6	3		
		1		7			3	
			9		4			
	6			1		2		
		9	1			5	2	
7		4			9			
8							9	1

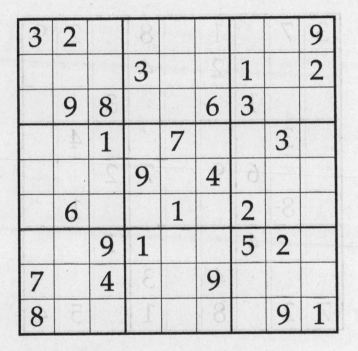

3	7		1		8		2	9
			2		4			
		1				3		
	3						4	
		6	9		7	2		
	8						1	
		4				1		
			4		3			
7	2		8		1		5	4

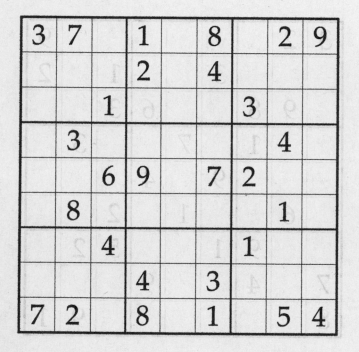

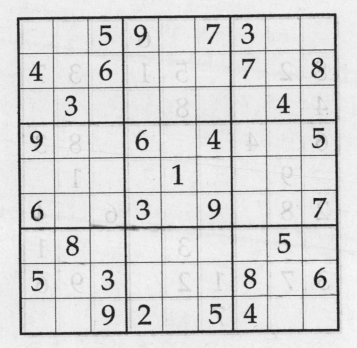

		5	9		7	3		
4		6				7		8
	3						4	
9			6		4			5
				1				
6			3		9			7
	8						5	
5		3				8		6
		9	2		5	4		

Lethal

					6			
8	2			5	1		3	7
4				8				
6		4					8	3
	9						1	
2	8					6		4
				3				1
3	7		1	2			9	6
			7					

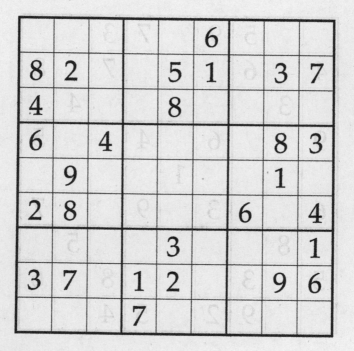

5			6	8	9			7
	4		2		1		3	
	5	9				3	1	
3	8						4	5
	2	4				7	6	
	7		8		5		9	
4			7	9	6			1

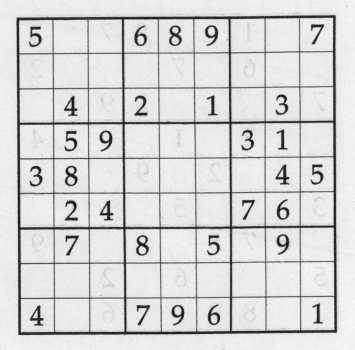

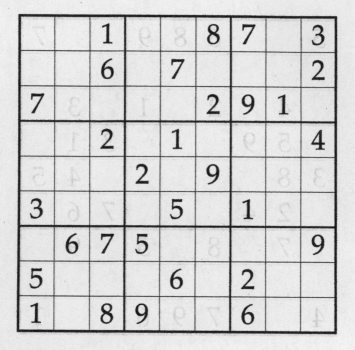

		1			8	7		3
		6		7				2
7					2	9	1	
		2		1				4
			2		9			
3				5		1		
	6	7	5					9
5				6		2		
1		8	9			6		

Su Doku

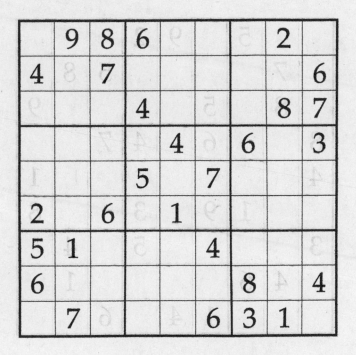

	9	8	6				2	
4		7						6
			4				8	7
				4		6		3
			5		7			
2		6		1				
5	1				4			
6						8		4
	7				6	3	1	

Lethal

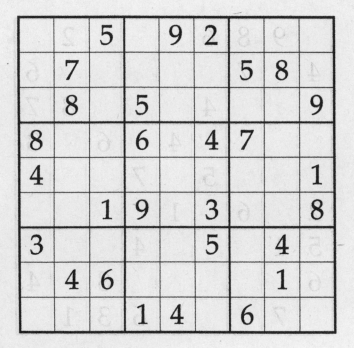

		5		9	2			
	7					5	8	
	8		5					9
8			6		4	7		
4								1
		1	9		3			8
3					5		4	
	4	6					1	
			1	4		6		

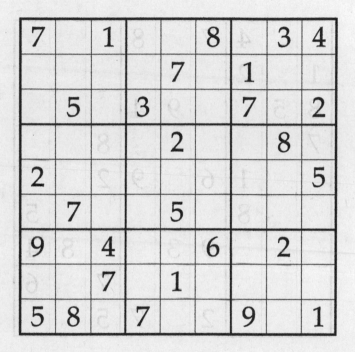

7		1			8		3	4
				7		1		
	5		3			7		2
				2			8	
2								5
	7			5				
9		4			6		2	
		7		1				
5	8		7			9		1

Lethal

		4	7		8			
1		2						
8	5			9	4			
7						8		
		1	6		9	2		
		8						5
			9	3			8	4
						7		6
			2		7	5		

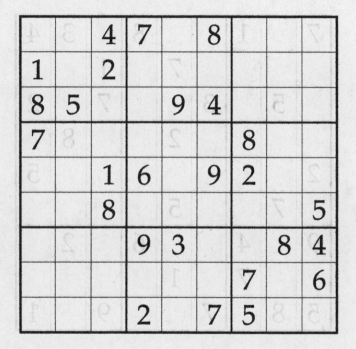

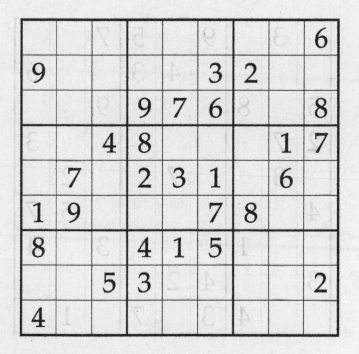

143

								6
9					3	2		
			9	7	6			8
		4	8				1	7
	7		2	3	1		6	
1	9				7	8		
8			4	1	5			
		5	3					2
4								

	3		9		5	7		
				4	3			6
5		8				9		
2	7							3
	8			7			2	
4							5	7
		1				3		4
3			4	2				
		4	3		7		1	

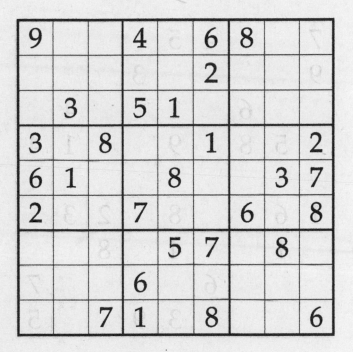

145

9			4		6	8		
					2			
	3		5	1				
3		8			1			2
6	1			8			3	7
2			7			6		8
				5	7		8	
			6					
		7	1		8			6

Lethal

7			4	5				
9					3			
		6		1			4	
	5	8		9			1	4
1	6			8		2	3	
	1			4		8		
			6					7
				3	9			5

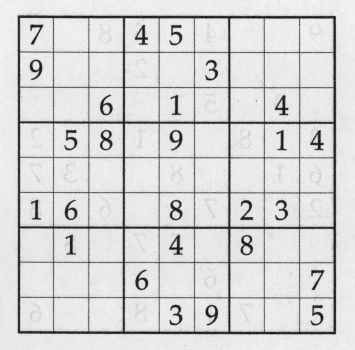

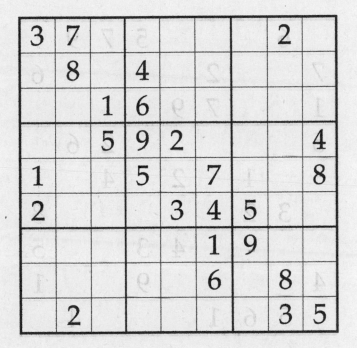

147

3	7						2	
	8		4					
		1	6					
		5	9	2				4
1			5		7			8
2				3	4	5		
					1	9		
					6		8	
	2						3	5

Lethal

	6				5	7	9	
7			2					6
1			7	9				
5						2	6	
		1		2		4		
	3	2						8
				4	3			5
4					9			1
	5	6	1				4	

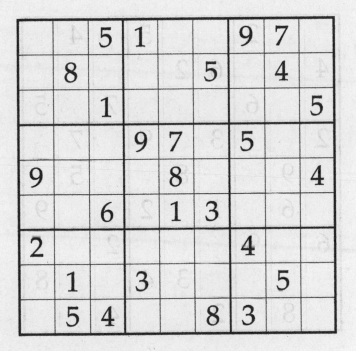

		5	1			9	7	
	8				5		4	
		1						5
			9	7		5		
9				8				4
		6		1	3			
2						4		
	1		3				5	
	5	4			8	3		

Lethal

		2			5		4	
4			6	2				
		6				7		5
2			3		9		7	
	9			8			5	
	6		1		2			9
6		9				2		
				3	4			8
	8		2			4		

Su Doku

Solutions

Solutions

1

4	5	3	9	7	6	2	8	1
6	1	7	3	2	8	9	4	5
2	8	9	4	5	1	7	6	3
1	9	8	7	4	2	3	5	6
5	2	6	8	1	3	4	7	9
7	3	4	5	6	9	8	1	2
9	7	5	1	3	4	6	2	8
8	6	1	2	9	7	5	3	4
3	4	2	6	8	5	1	9	7

2

3	6	8	5	1	2	7	4	9
5	7	9	3	6	4	1	2	8
4	2	1	8	7	9	6	5	3
1	8	5	9	3	6	4	7	2
2	4	7	1	8	5	9	3	6
6	9	3	4	2	7	8	1	5
8	5	4	2	9	1	3	6	7
7	3	2	6	4	8	5	9	1
9	1	6	7	5	3	2	8	4

3

9	1	2	4	5	6	8	3	7
8	6	7	1	2	3	4	5	9
4	3	5	8	7	9	2	1	6
3	9	4	6	1	5	7	8	2
2	5	1	9	8	7	3	6	4
6	7	8	3	4	2	5	9	1
5	4	6	7	3	1	9	2	8
7	2	9	5	6	8	1	4	3
1	8	3	2	9	4	6	7	5

4

4	1	5	9	3	7	2	6	8
2	6	3	5	1	8	7	4	9
8	7	9	4	6	2	5	1	3
6	8	7	3	5	4	1	9	2
5	2	1	8	9	6	3	7	4
9	3	4	7	2	1	6	8	5
7	9	6	2	4	3	8	5	1
3	4	8	1	7	5	9	2	6
1	5	2	6	8	9	4	3	7

5

3	4	**1**	5	7	**8**	9	2	6
5	2	**7**	6	**9**	4	**8**	**3**	1
6	**8**	9	2	1	3	7	**5**	4
2	**1**	6	3	**4**	7	5	**9**	8
7	5	8	**9**	**2**	**1**	4	6	3
9	**3**	4	8	**5**	6	1	**7**	2
1	**6**	3	7	8	5	2	**4**	**9**
4	**7**	**2**	1	**6**	9	**3**	8	5
8	9	5	**4**	3	2	**6**	1	7

6

7	5	**3**	**4**	**1**	8	9	6	**2**
6	**2**	1	7	3	**9**	4	**8**	5
4	9	8	**5**	6	2	1	7	**3**
2	**3**	5	8	4	7	**6**	9	**1**
8	1	7	3	9	6	2	5	**4**
9	4	**6**	2	5	1	8	**3**	7
5	7	9	1	8	**4**	3	2	6
1	**8**	2	**6**	7	3	5	**4**	9
3	6	4	9	**2**	**5**	**7**	1	**8**

7

8	2	9	6	1	4	7	5	3
4	1	7	2	3	5	6	9	8
3	5	6	7	9	8	4	1	2
5	4	2	1	8	7	3	6	9
7	8	1	9	6	3	5	2	4
6	9	3	4	5	2	1	8	7
2	7	5	8	4	6	9	3	1
9	3	4	5	2	1	8	7	6
1	6	8	3	7	9	2	4	5

8

5	2	6	4	1	9	3	8	7
7	3	1	2	8	6	9	4	5
8	4	9	7	3	5	6	1	2
6	7	2	3	9	4	8	5	1
9	1	8	5	7	2	4	3	6
3	5	4	1	6	8	7	2	9
2	8	7	6	5	3	1	9	4
1	9	5	8	4	7	2	6	3
4	6	3	9	2	1	5	7	8

Su Doku

9

1	3	**9**	2	5	7	**6**	4	8
4	**8**	5	1	3	6	7	**9**	2
6	7	2	**9**	8	**4**	5	1	**3**
2	**6**	3	**4**	**7**	**5**	1	**8**	9
8	4	**1**	3	6	9	**2**	5	7
9	**5**	7	**8**	**2**	**1**	4	**3**	6
3	9	6	**5**	1	**2**	8	7	**4**
7	**1**	4	6	9	8	3	**2**	5
5	2	**8**	7	4	3	**9**	6	1

10

8	**3**	9	**6**	7	**5**	4	**1**	2
4	7	6	8	**1**	2	3	5	**9**
5	2	1	**3**	4	9	8	7	6
2	8	**7**	1	5	**3**	9	6	4
9	**1**	5	**2**	6	**4**	7	**8**	3
6	4	3	**9**	8	7	**5**	2	**1**
3	5	2	7	9	**6**	1	4	**8**
7	6	8	4	**3**	1	2	9	5
1	**9**	4	**5**	2	**8**	6	**3**	7

Solutions

11

5	8	6	3	7	2	1	4	9
4	1	3	8	5	9	7	6	2
2	7	9	4	1	6	5	3	8
3	9	8	5	4	1	6	2	7
6	2	5	7	9	8	3	1	4
1	4	7	2	6	3	9	8	5
8	3	1	9	2	7	4	5	6
7	6	4	1	8	5	2	9	3
9	5	2	6	3	4	8	7	1

12

1	9	6	5	3	4	7	2	8
2	5	4	8	1	7	6	3	9
3	7	8	9	2	6	1	4	5
9	8	1	7	6	3	4	5	2
4	6	2	1	9	5	8	7	3
7	3	5	2	4	8	9	6	1
5	2	7	6	8	1	3	9	4
8	4	9	3	7	2	5	1	6
6	1	3	4	5	9	2	8	7

Su Doku

13

5	1	6	2	9	4	3	8	7
3	9	8	5	6	7	4	1	2
2	7	4	1	3	8	6	9	5
9	5	3	4	2	6	8	7	1
8	6	1	7	5	9	2	4	3
7	4	2	8	1	3	9	5	6
1	3	5	9	4	2	7	6	8
4	2	7	6	8	1	5	3	9
6	8	9	3	7	5	1	2	4

14

1	2	9	6	5	7	4	3	8
8	4	7	2	9	3	6	1	5
3	5	6	1	4	8	2	7	9
9	8	4	7	2	1	3	5	6
6	3	5	4	8	9	1	2	7
7	1	2	5	3	6	8	9	4
5	9	1	3	6	4	7	8	2
2	6	3	8	7	5	9	4	1
4	7	8	9	1	2	5	6	3

15

1	3	9	2	4	7	6	8	5
8	2	6	5	3	9	4	7	1
4	5	7	1	8	6	2	9	3
6	9	2	8	7	1	5	3	4
3	1	5	6	9	4	8	2	7
7	8	4	3	2	5	1	6	9
2	4	3	9	1	8	7	5	6
5	7	8	4	6	3	9	1	2
9	6	1	7	5	2	3	4	8

16

9	2	3	7	5	1	6	4	8
6	4	8	2	9	3	1	5	7
5	7	1	8	4	6	3	9	2
8	6	5	4	2	7	9	1	3
3	1	7	9	6	5	8	2	4
4	9	2	3	1	8	5	7	6
1	8	6	5	7	4	2	3	9
2	5	4	6	3	9	7	8	1
7	3	9	1	8	2	4	6	5

Su Doku

17

9	1	2	4	5	3	6	7	8
4	8	3	1	7	6	9	2	5
5	6	7	2	8	9	4	3	1
6	9	4	5	3	1	2	8	7
8	7	1	6	9	2	3	5	4
3	2	5	7	4	8	1	9	6
2	5	6	9	1	7	8	4	3
7	3	9	8	6	4	5	1	2
1	4	8	3	2	5	7	6	9

18

1	4	5	7	9	6	2	8	3
7	8	3	4	5	2	6	9	1
6	9	2	1	8	3	5	7	4
4	6	7	5	2	1	8	3	9
9	5	8	3	4	7	1	2	6
3	2	1	8	6	9	7	4	5
2	3	4	6	7	5	9	1	8
8	7	6	9	1	4	3	5	2
5	1	9	2	3	8	4	6	7

Solutions

19

9	5	8	2	6	1	3	4	7
7	2	6	8	3	4	1	5	9
4	3	1	9	7	5	6	2	8
1	9	2	5	8	6	4	7	3
3	8	5	4	1	7	2	9	6
6	4	7	3	9	2	8	1	5
5	1	3	6	4	9	7	8	2
2	6	4	7	5	8	9	3	1
8	7	9	1	2	3	5	6	4

20

4	6	8	9	7	1	2	3	5
9	1	3	2	8	5	7	6	4
2	7	5	3	6	4	9	8	1
5	3	7	6	4	9	1	2	8
1	2	9	7	3	8	4	5	6
8	4	6	5	1	2	3	7	9
7	8	1	4	2	6	5	9	3
3	5	4	8	9	7	6	1	2
6	9	2	1	5	3	8	4	7

21

9	4	5	7	2	6	1	8	3
6	1	2	9	3	8	7	4	5
3	7	8	4	5	1	6	9	2
8	5	7	6	1	2	9	3	4
1	3	4	8	9	7	5	2	6
2	6	9	5	4	3	8	1	7
5	8	3	1	7	4	2	6	9
4	9	1	2	6	5	3	7	8
7	2	6	3	8	9	4	5	1

22

8	7	9	4	5	2	1	3	6
1	6	4	3	9	8	5	2	7
2	5	3	7	6	1	9	4	8
7	1	8	5	2	3	6	9	4
4	3	2	6	7	9	8	5	1
5	9	6	1	8	4	3	7	2
6	8	7	9	4	5	2	1	3
3	4	5	2	1	6	7	8	9
9	2	1	8	3	7	4	6	5

23

7	8	1	4	3	5	9	2	6
4	6	2	8	1	9	5	3	7
3	5	9	7	6	2	8	1	4
8	4	5	2	9	7	3	6	1
9	7	6	3	8	1	2	4	5
1	2	3	6	5	4	7	9	8
2	9	7	1	4	8	6	5	3
5	3	4	9	7	6	1	8	2
6	1	8	5	2	3	4	7	9

24

2	7	6	4	3	1	5	8	9
3	1	9	5	6	8	2	4	7
5	4	8	7	9	2	6	1	3
9	6	2	3	8	5	4	7	1
8	3	4	2	1	7	9	5	6
1	5	7	6	4	9	8	3	2
4	8	1	9	7	6	3	2	5
6	2	3	1	5	4	7	9	8
7	9	5	8	2	3	1	6	4

25

2	5	7	1	6	3	4	9	8
4	9	6	8	2	7	5	3	1
1	8	3	9	5	4	6	2	7
6	1	8	5	7	2	9	4	3
9	4	2	3	8	1	7	5	6
7	3	5	6	4	9	8	1	2
8	7	1	2	9	5	3	6	4
5	2	4	7	3	6	1	8	9
3	6	9	4	1	8	2	7	5

26

7	8	4	2	3	1	6	5	9
5	6	2	4	8	9	3	1	7
9	3	1	5	6	7	4	8	2
3	9	7	8	1	5	2	6	4
4	5	6	9	7	2	1	3	8
2	1	8	3	4	6	9	7	5
1	2	9	7	5	3	8	4	6
6	4	5	1	2	8	7	9	3
8	7	3	6	9	4	5	2	1

27

5	6	7	1	3	9	4	8	2
9	1	2	4	5	8	6	3	7
8	3	4	2	7	6	9	1	5
6	9	5	3	1	4	7	2	8
1	4	3	7	8	2	5	9	6
7	2	8	9	6	5	3	4	1
4	7	6	8	2	3	1	5	9
2	5	9	6	4	1	8	7	3
3	8	1	5	9	7	2	6	4

28

9	5	8	3	2	7	6	4	1
6	1	4	5	8	9	7	2	3
3	7	2	6	4	1	5	9	8
1	6	5	2	7	8	9	3	4
8	9	7	4	5	3	2	1	6
2	4	3	9	1	6	8	7	5
4	8	1	7	6	2	3	5	9
7	3	6	1	9	5	4	8	2
5	2	9	8	3	4	1	6	7

29

8	7	5	6	9	4	1	2	3
9	6	1	7	2	3	4	8	5
2	3	4	5	8	1	6	7	9
7	4	8	9	5	6	2	3	1
5	2	9	3	1	8	7	6	4
3	1	6	4	7	2	9	5	8
6	9	2	1	3	5	8	4	7
1	8	3	2	4	7	5	9	6
4	5	7	8	6	9	3	1	2

30

8	1	5	9	3	7	4	2	6
3	2	7	5	6	4	1	9	8
6	9	4	8	1	2	7	3	5
9	8	1	3	5	6	2	4	7
4	5	2	7	8	9	6	1	3
7	6	3	2	4	1	5	8	9
5	4	9	6	2	8	3	7	1
1	3	8	4	7	5	9	6	2
2	7	6	1	9	3	8	5	4

31

3	9	5	1	6	7	2	4	8
2	4	7	9	3	8	1	6	5
6	1	8	2	4	5	9	7	3
5	2	6	8	1	3	7	9	4
1	3	9	5	7	4	8	2	6
8	7	4	6	2	9	3	5	1
4	6	3	7	9	1	5	8	2
9	5	2	3	8	6	4	1	7
7	8	1	4	5	2	6	3	9

32

2	5	4	1	7	3	6	9	8
9	1	6	4	8	5	3	7	2
7	8	3	6	2	9	5	1	4
6	4	7	2	1	8	9	3	5
3	2	5	9	4	6	7	8	1
8	9	1	3	5	7	2	4	6
1	7	9	5	6	4	8	2	3
5	3	2	8	9	1	4	6	7
4	6	8	7	3	2	1	5	9

Su Doku

33

7	1	9	6	3	8	4	2	5
2	8	5	9	4	1	7	3	6
4	6	3	7	5	2	9	1	8
5	7	1	3	9	6	8	4	2
8	4	2	1	7	5	3	6	9
3	9	6	2	8	4	1	5	7
9	2	8	5	1	3	6	7	4
6	3	7	4	2	9	5	8	1
1	5	4	8	6	7	2	9	3

34

7	4	8	6	5	3	1	9	2
6	5	9	2	1	4	8	3	7
3	2	1	8	7	9	6	5	4
5	1	7	3	8	2	4	6	9
4	8	2	7	9	6	3	1	5
9	3	6	1	4	5	7	2	8
8	9	3	5	6	7	2	4	1
1	6	4	9	2	8	5	7	3
2	7	5	4	3	1	9	8	6

35

1	3	6	7	2	8	9	4	5
2	8	5	4	3	9	7	1	6
4	9	7	1	6	5	2	3	8
5	4	3	6	8	7	1	9	2
8	7	2	9	1	4	5	6	3
6	1	9	3	5	2	4	8	7
9	6	8	2	7	1	3	5	4
7	5	4	8	9	3	6	2	1
3	2	1	5	4	6	8	7	9

36

2	3	5	7	1	4	6	8	9
4	9	8	3	5	6	7	2	1
7	6	1	2	8	9	3	5	4
9	7	2	4	6	5	1	3	8
1	5	4	8	3	2	9	7	6
6	8	3	9	7	1	5	4	2
5	4	9	6	2	7	8	1	3
8	2	7	1	9	3	4	6	5
3	1	6	5	4	8	2	9	7

37

8	7	9	4	5	2	3	6	1
4	2	1	3	8	6	9	5	7
3	5	6	9	7	1	2	8	4
9	3	2	5	6	7	1	4	8
7	1	5	8	2	4	6	9	3
6	8	4	1	3	9	7	2	5
5	9	7	2	1	8	4	3	6
2	6	3	7	4	5	8	1	9
1	4	8	6	9	3	5	7	2

38

1	5	4	7	6	8	3	2	9
3	9	8	4	1	2	6	7	5
7	6	2	3	9	5	4	8	1
8	4	1	6	7	9	5	3	2
6	2	5	8	3	1	7	9	4
9	3	7	2	5	4	1	6	8
4	7	9	1	8	3	2	5	6
5	1	6	9	2	7	8	4	3
2	8	3	5	4	6	9	1	7

39

5	2	7	9	6	1	8	3	4
6	8	4	2	7	3	1	9	5
9	1	3	8	5	4	6	7	2
8	7	5	4	2	9	3	6	1
3	6	2	7	1	5	4	8	9
1	4	9	3	8	6	2	5	7
4	9	1	5	3	8	7	2	6
7	5	8	6	4	2	9	1	3
2	3	6	1	9	7	5	4	8

40

9	6	5	4	3	7	1	2	8
4	3	1	5	2	8	7	9	6
7	8	2	9	1	6	3	4	5
3	5	9	2	6	1	8	7	4
2	1	7	8	5	4	6	3	9
6	4	8	3	7	9	2	5	1
8	2	3	1	9	5	4	6	7
1	9	6	7	4	2	5	8	3
5	7	4	6	8	3	9	1	2

41

2	8	3	5	9	1	7	6	4
7	9	4	6	3	8	5	1	2
6	1	5	7	2	4	8	3	9
9	6	7	3	4	5	2	8	1
3	4	2	8	1	7	9	5	6
8	5	1	2	6	9	4	7	3
4	7	6	1	8	2	3	9	5
5	3	9	4	7	6	1	2	8
1	2	8	9	5	3	6	4	7

42

1	8	2	9	6	4	3	5	7
3	9	7	5	8	2	4	6	1
6	5	4	1	3	7	2	8	9
2	4	6	7	9	5	1	3	8
7	3	9	8	4	1	5	2	6
5	1	8	3	2	6	9	7	4
8	7	3	4	5	9	6	1	2
9	2	5	6	1	8	7	4	3
4	6	1	2	7	3	8	9	5

43

6	7	2	9	5	8	3	4	1
9	4	1	3	7	6	5	8	2
3	5	8	4	1	2	9	6	7
8	9	3	6	2	5	1	7	4
2	1	4	8	3	7	6	5	9
5	6	7	1	4	9	2	3	8
7	3	9	5	8	1	4	2	6
4	8	6	2	9	3	7	1	5
1	2	5	7	6	4	8	9	3

44

9	8	4	1	6	7	2	5	3
2	7	5	3	4	9	6	1	8
1	3	6	5	8	2	7	9	4
8	2	3	4	1	6	9	7	5
4	9	1	7	5	3	8	6	2
5	6	7	2	9	8	4	3	1
3	1	8	9	7	4	5	2	6
6	5	9	8	2	1	3	4	7
7	4	2	6	3	5	1	8	9

Su Doku

45

4	3	9	8	6	7	2	1	5
1	5	2	4	9	3	6	8	7
8	6	7	5	2	1	3	9	4
2	7	8	6	3	5	9	4	1
5	1	6	7	4	9	8	2	3
9	4	3	2	1	8	7	5	6
7	2	5	1	8	6	4	3	9
3	8	1	9	7	4	5	6	2
6	9	4	3	5	2	1	7	8

46

1	7	6	5	2	8	3	9	4
9	4	8	7	6	3	5	1	2
3	5	2	9	1	4	8	6	7
2	9	5	4	3	6	7	8	1
8	6	4	1	7	9	2	3	5
7	1	3	8	5	2	9	4	6
5	8	1	3	4	7	6	2	9
6	3	7	2	9	1	4	5	8
4	2	9	6	8	5	1	7	3

47

3	1	8	2	5	9	6	4	7
2	7	5	6	4	3	9	8	1
4	9	6	7	1	8	5	2	3
5	3	9	4	7	6	8	1	2
7	2	4	5	8	1	3	9	6
6	8	1	9	3	2	4	7	5
1	5	7	8	6	4	2	3	9
9	4	3	1	2	5	7	6	8
8	6	2	3	9	7	1	5	4

48

6	9	3	5	7	2	8	1	4
8	5	1	4	6	3	9	7	2
2	7	4	1	8	9	5	6	3
9	6	2	3	5	4	7	8	1
1	3	8	7	9	6	2	4	5
5	4	7	2	1	8	3	9	6
3	2	9	6	4	7	1	5	8
4	8	5	9	3	1	6	2	7
7	1	6	8	2	5	4	3	9

49

1	7	5	4	9	2	6	8	3
3	8	4	7	5	6	2	9	1
2	9	6	3	8	1	7	5	4
6	4	9	5	3	8	1	7	2
7	1	8	2	4	9	5	3	6
5	2	3	1	6	7	9	4	8
9	6	7	8	2	4	3	1	5
4	3	2	9	1	5	8	6	7
8	5	1	6	7	3	4	2	9

50

2	6	5	1	9	8	7	4	3
4	3	1	2	6	7	9	8	5
9	7	8	4	3	5	2	6	1
3	5	4	6	8	2	1	7	9
6	1	9	5	7	3	8	2	4
7	8	2	9	4	1	5	3	6
5	2	7	3	1	4	6	9	8
8	4	6	7	5	9	3	1	2
1	9	3	8	2	6	4	5	7

Solutions

51

5	3	8	6	4	1	9	2	7
4	7	6	9	5	2	8	1	3
2	9	1	7	8	3	5	4	6
3	1	2	4	9	7	6	8	5
6	4	7	5	1	8	3	9	2
9	8	5	3	2	6	1	7	4
1	5	3	2	7	9	4	6	8
8	2	4	1	6	5	7	3	9
7	6	9	8	3	4	2	5	1

52

2	3	5	9	4	7	8	1	6
4	1	8	6	5	3	2	9	7
7	9	6	1	2	8	5	3	4
9	7	3	2	8	5	4	6	1
8	4	1	7	9	6	3	5	2
6	5	2	3	1	4	7	8	9
1	2	7	5	3	9	6	4	8
3	6	4	8	7	1	9	2	5
5	8	9	4	6	2	1	7	3

Su Doku

53

1	8	4	6	3	7	5	9	2
7	5	3	1	9	2	4	6	8
2	6	9	4	5	8	7	1	3
6	4	1	2	7	3	9	8	5
8	3	2	9	4	5	6	7	1
9	7	5	8	6	1	3	2	4
4	9	8	5	1	6	2	3	7
3	2	6	7	8	4	1	5	9
5	1	7	3	2	9	8	4	6

54

7	8	9	3	2	5	4	6	1
1	4	2	6	8	9	7	5	3
5	6	3	4	7	1	9	2	8
3	5	7	2	1	4	8	9	6
9	2	4	8	5	6	1	3	7
8	1	6	7	9	3	5	4	2
6	7	8	5	4	2	3	1	9
2	9	5	1	3	8	6	7	4
4	3	1	9	6	7	2	8	5

55

1	8	5	7	9	6	4	2	3
3	4	2	8	5	1	6	7	9
9	6	7	4	2	3	1	5	8
2	9	8	5	4	7	3	6	1
6	7	1	3	8	2	5	9	4
4	5	3	6	1	9	2	8	7
5	1	4	2	7	8	9	3	6
7	2	6	9	3	4	8	1	5
8	3	9	1	6	5	7	4	2

56

5	8	2	6	7	9	3	4	1
7	6	4	5	1	3	9	2	8
1	3	9	4	2	8	7	6	5
6	4	7	3	9	5	1	8	2
3	9	5	1	8	2	6	7	4
2	1	8	7	6	4	5	9	3
9	5	6	2	4	1	8	3	7
4	7	1	8	3	6	2	5	9
8	2	3	9	5	7	4	1	6

Su Doku

57

9	**8**	5	2	**4**	1	**3**	7	6
1	**2**	7	8	3	6	5	**4**	**9**
6	4	3	9	**7**	5	1	8	2
7	6	**4**	**3**	9	**2**	8	5	1
5	3	**2**	4	**1**	8	**9**	6	**7**
8	1	9	**6**	5	**7**	**2**	3	4
4	5	8	**1**	**6**	9	7	2	**3**
2	**9**	6	7	8	3	4	**1**	5
3	7	**1**	5	**2**	4	6	**9**	8

58

7	6	5	**9**	4	**2**	1	8	**3**
2	8	3	**6**	1	5	7	9	**4**
4	9	**1**	7	8	**3**	2	**6**	**5**
6	2	4	**5**	9	8	3	**7**	**1**
9	5	**7**	1	3	6	**8**	4	2
3	**1**	8	2	7	**4**	6	5	9
5	**4**	6	**8**	2	1	**9**	3	7
8	7	2	3	5	**9**	4	1	6
1	3	9	**4**	6	**7**	5	2	8

59

2	3	4	9	5	1	6	7	8
9	1	7	4	8	6	3	5	2
5	8	6	3	7	2	1	9	4
7	6	5	8	1	4	9	2	3
8	2	1	6	9	3	5	4	7
3	4	9	7	2	5	8	6	1
4	7	3	1	6	9	2	8	5
6	5	8	2	3	7	4	1	9
1	9	2	5	4	8	7	3	6

60

9	6	5	8	4	2	7	1	3
1	3	7	6	9	5	2	4	8
8	4	2	3	7	1	9	6	5
4	2	6	5	8	9	3	7	1
3	5	9	7	1	4	8	2	6
7	8	1	2	3	6	5	9	4
5	1	8	4	2	7	6	3	9
2	9	3	1	6	8	4	5	7
6	7	4	9	5	3	1	8	2

61

3	2	7	1	4	8	5	9	6
1	4	5	6	3	9	2	8	7
6	8	9	7	5	2	1	4	3
5	6	4	2	9	3	8	7	1
9	7	8	5	6	1	3	2	4
2	3	1	8	7	4	9	6	5
7	1	2	3	8	6	4	5	9
8	9	6	4	1	5	7	3	2
4	5	3	9	2	7	6	1	8

62

1	6	7	8	2	9	5	4	3
8	4	5	3	7	1	9	6	2
3	9	2	6	5	4	1	7	8
9	8	4	1	3	6	2	5	7
7	5	6	2	9	8	4	3	1
2	1	3	7	4	5	8	9	6
6	7	9	5	1	2	3	8	4
5	3	1	4	8	7	6	2	9
4	2	8	9	6	3	7	1	5

Solutions

63

7	6	9	3	2	1	8	5	4
3	1	2	8	4	5	6	9	7
5	4	8	9	6	7	2	1	3
6	3	1	7	5	4	9	8	2
8	2	7	6	9	3	1	4	5
4	9	5	1	8	2	3	7	6
2	7	6	4	1	9	5	3	8
9	5	3	2	7	8	4	6	1
1	8	4	5	3	6	7	2	9

64

8	1	2	7	5	9	6	3	4
3	4	6	8	1	2	5	9	7
7	5	9	3	4	6	1	8	2
6	7	3	5	2	4	8	1	9
9	2	1	6	7	8	4	5	3
5	8	4	1	9	3	2	7	6
1	3	8	2	6	7	9	4	5
4	6	5	9	3	1	7	2	8
2	9	7	4	8	5	3	6	1

Su Doku

65

7	5	6	4	1	3	2	8	9
4	2	1	8	5	9	7	3	6
8	9	3	6	7	2	5	1	4
1	3	9	2	8	4	6	7	5
6	8	5	3	9	7	1	4	2
2	7	4	1	6	5	3	9	8
9	6	2	7	3	8	4	5	1
5	4	7	9	2	1	8	6	3
3	1	8	5	4	6	9	2	7

66

2	4	7	3	8	9	1	6	5
5	6	3	4	7	1	9	8	2
1	9	8	5	2	6	3	4	7
6	3	9	7	4	2	5	1	8
7	2	5	1	3	8	6	9	4
4	8	1	6	9	5	2	7	3
9	5	4	2	1	7	8	3	6
8	7	2	9	6	3	4	5	1
3	1	6	8	5	4	7	2	9

67

6	9	2	5	1	3	7	4	8
3	8	4	2	7	9	1	5	6
1	5	7	4	8	6	9	3	2
2	1	9	8	3	5	6	7	4
4	3	5	6	2	7	8	9	1
7	6	8	1	9	4	5	2	3
9	4	3	7	6	8	2	1	5
5	2	6	9	4	1	3	8	7
8	7	1	3	5	2	4	6	9

68

9	8	1	2	7	3	4	6	5
2	7	3	4	6	5	9	1	8
6	5	4	8	1	9	7	3	2
5	9	2	3	4	1	8	7	6
3	1	7	5	8	6	2	9	4
4	6	8	9	2	7	1	5	3
7	4	6	1	3	2	5	8	9
8	3	5	7	9	4	6	2	1
1	2	9	6	5	8	3	4	7

69

9	6	3	7	2	1	4	8	5
5	1	8	4	9	6	3	2	7
7	2	4	5	3	8	9	1	6
3	5	6	2	4	7	8	9	1
8	7	1	9	6	3	2	5	4
2	4	9	8	1	5	6	7	3
4	8	7	6	5	9	1	3	2
1	9	2	3	7	4	5	6	8
6	3	5	1	8	2	7	4	9

70

9	1	5	2	6	3	8	4	7
6	2	8	5	7	4	3	1	9
7	4	3	8	1	9	5	2	6
2	9	6	3	8	7	4	5	1
1	3	7	4	5	6	2	9	8
5	8	4	1	9	2	6	7	3
4	7	9	6	2	8	1	3	5
3	6	1	9	4	5	7	8	2
8	5	2	7	3	1	9	6	4

71

4	2	1	3	5	8	7	6	9
5	8	3	6	9	7	4	1	2
7	9	6	4	1	2	3	5	8
2	6	7	1	4	5	9	8	3
9	5	8	2	7	3	6	4	1
3	1	4	8	6	9	2	7	5
1	7	5	9	3	4	8	2	6
6	3	2	7	8	1	5	9	4
8	4	9	5	2	6	1	3	7

72

4	1	8	6	9	7	3	5	2
2	3	7	5	8	4	6	1	9
9	6	5	2	3	1	4	8	7
7	9	3	4	1	8	2	6	5
6	5	4	7	2	9	1	3	8
1	8	2	3	5	6	9	7	4
3	4	9	1	7	5	8	2	6
5	2	6	8	4	3	7	9	1
8	7	1	9	6	2	5	4	3

Su Doku

73

1	5	3	2	6	9	4	7	8
9	4	8	1	7	5	6	3	2
2	7	6	4	3	8	1	9	5
7	9	1	8	5	2	3	4	6
5	6	4	3	1	7	2	8	9
8	3	2	9	4	6	7	5	1
4	8	9	7	2	1	5	6	3
6	2	7	5	9	3	8	1	4
3	1	5	6	8	4	9	2	7

74

6	8	2	9	3	5	1	4	7
3	7	9	8	4	1	6	5	2
4	5	1	7	6	2	3	9	8
8	2	3	1	7	4	9	6	5
9	4	5	2	8	6	7	1	3
7	1	6	3	5	9	8	2	4
1	6	7	5	2	3	4	8	9
5	9	8	4	1	7	2	3	6
2	3	4	6	9	8	5	7	1

75

9	5	7	6	3	1	8	2	4
6	4	3	2	9	8	5	1	7
1	8	2	5	7	4	6	9	3
2	3	6	4	5	9	1	7	8
8	7	1	3	6	2	4	5	9
5	9	4	1	8	7	2	3	6
4	6	9	7	1	5	3	8	2
3	1	8	9	2	6	7	4	5
7	2	5	8	4	3	9	6	1

76

8	5	1	3	6	7	4	2	9
7	2	6	8	4	9	5	3	1
4	3	9	5	2	1	6	8	7
2	8	7	1	9	6	3	4	5
9	4	5	7	3	2	8	1	6
1	6	3	4	8	5	9	7	2
3	9	2	6	7	8	1	5	4
5	7	4	9	1	3	2	6	8
6	1	8	2	5	4	7	9	3

Su Doku

77

7	**3**	4	6	1	**5**	**8**	9	**2**
1	9	**6**	2	7	**8**	3	4	**5**
8	5	2	3	9	**4**	7	**1**	6
3	**2**	**7**	4	6	9	1	5	8
4	8	5	7	**3**	1	2	6	9
9	6	1	8	5	2	**4**	**3**	**7**
2	**1**	8	**9**	4	6	5	7	**3**
5	7	9	**1**	2	3	**6**	8	4
6	4	**3**	**5**	8	7	9	**2**	**1**

78

8	**5**	1	**7**	9	**4**	6	**3**	2
7	2	9	1	3	6	8	5	4
4	6	**3**	8	2	5	**1**	9	**7**
3	**4**	2	5	**1**	7	9	**8**	**6**
6	7	5	**4**	8	**9**	2	1	3
1	**9**	8	3	**6**	2	4	**7**	**5**
9	1	**7**	6	4	3	**5**	2	**8**
2	3	6	9	5	8	7	4	1
5	**8**	4	**2**	7	**1**	3	**6**	9

79

5	3	4	8	1	2	9	7	6
2	9	1	5	7	6	4	3	8
6	7	8	9	3	4	1	5	2
3	4	6	7	9	5	2	8	1
1	8	7	2	6	3	5	4	9
9	2	5	1	4	8	3	6	7
4	5	2	6	8	1	7	9	3
8	1	9	3	5	7	6	2	4
7	6	3	4	2	9	8	1	5

80

7	5	9	3	4	8	2	6	1
1	8	2	6	9	7	3	4	5
6	3	4	2	5	1	9	7	8
2	4	6	7	1	9	5	8	3
3	1	8	4	2	5	7	9	6
9	7	5	8	3	6	1	2	4
4	9	7	5	6	3	8	1	2
5	6	1	9	8	2	4	3	7
8	2	3	1	7	4	6	5	9

Su Doku

81

3	2	8	6	9	7	1	4	5
7	4	9	5	8	1	6	3	2
5	1	6	4	3	2	7	9	8
6	5	3	2	7	9	4	8	1
2	9	1	8	4	5	3	7	6
4	8	7	3	1	6	2	5	9
8	3	5	1	2	4	9	6	7
9	6	2	7	5	3	8	1	4
1	7	4	9	6	8	5	2	3

82

3	1	2	4	9	5	6	8	7
9	6	4	2	8	7	5	3	1
5	8	7	3	6	1	4	2	9
4	2	9	7	3	6	8	1	5
6	3	5	8	1	2	9	7	4
1	7	8	9	5	4	2	6	3
7	9	1	5	2	8	3	4	6
2	5	6	1	4	3	7	9	8
8	4	3	6	7	9	1	5	2

83

1	3	8	5	7	2	9	6	4
6	2	4	8	1	9	7	5	3
5	7	9	6	4	3	8	2	1
8	4	5	7	9	1	6	3	2
7	1	6	3	2	8	4	9	5
2	9	3	4	6	5	1	7	8
3	6	2	9	8	4	5	1	7
4	5	7	1	3	6	2	8	9
9	8	1	2	5	7	3	4	6

84

6	8	1	9	5	7	2	3	4
5	4	7	6	3	2	9	8	1
9	3	2	1	8	4	6	7	5
8	6	9	5	1	3	7	4	2
1	5	4	2	7	9	3	6	8
7	2	3	4	6	8	5	1	9
4	9	6	7	2	1	8	5	3
2	7	8	3	4	5	1	9	6
3	1	5	8	9	6	4	2	7

Su Doku

85

8	6	4	2	7	5	1	9	3
3	7	1	4	8	9	6	5	2
2	9	5	1	3	6	7	4	8
9	8	2	3	4	7	5	1	6
6	5	3	9	2	1	4	8	7
1	4	7	5	6	8	3	2	9
4	2	8	6	1	3	9	7	5
7	3	9	8	5	4	2	6	1
5	1	6	7	9	2	8	3	4

86

8	7	3	5	9	1	2	6	4
5	6	4	2	3	8	9	7	1
2	1	9	6	7	4	5	3	8
3	4	2	8	5	9	6	1	7
9	5	1	7	4	6	8	2	3
7	8	6	3	1	2	4	5	9
6	3	8	9	2	7	1	4	5
4	9	5	1	6	3	7	8	2
1	2	7	4	8	5	3	9	6

87

7	1	9	4	3	2	5	8	6
5	8	4	6	9	1	2	7	3
3	6	2	7	8	5	9	1	4
1	7	8	3	4	9	6	5	2
9	3	5	2	7	6	1	4	8
2	4	6	5	1	8	7	3	9
6	5	1	8	2	4	3	9	7
8	9	3	1	6	7	4	2	5
4	2	7	9	5	3	8	6	1

88

9	5	3	4	6	1	7	2	8
2	1	4	8	5	7	6	3	9
7	6	8	9	3	2	4	5	1
5	4	1	6	7	3	8	9	2
6	2	7	1	9	8	5	4	3
8	3	9	5	2	4	1	7	6
4	7	6	2	1	9	3	8	5
1	8	2	3	4	5	9	6	7
3	9	5	7	8	6	2	1	4

Su Doku

89

5	9	6	3	**8**	4	1	**7**	**2**
3	8	7	5	1	**2**	4	9	**6**
4	2	**1**	6	9	7	**8**	5	3
1	3	9	2	4	**8**	7	6	5
6	**7**	**5**	1	**3**	9	**2**	**4**	8
8	4	2	**7**	6	5	3	1	**9**
7	1	**3**	9	2	6	**5**	8	4
9	5	4	**8**	7	3	6	2	**1**
2	**6**	8	4	**5**	1	9	3	7

90

4	8	**2**	3	**5**	1	9	**6**	7
7	1	3	**6**	8	**9**	**2**	5	4
9	**6**	5	2	7	**4**	1	8	**3**
3	**5**	**9**	1	2	8	4	**7**	6
1	7	8	5	4	6	3	2	**9**
6	**2**	4	7	9	3	**8**	**1**	5
2	3	6	**9**	1	5	7	**4**	8
5	4	**1**	**8**	3	**7**	6	9	**2**
8	**9**	7	4	**6**	2	**5**	3	1

91

1	7	2	5	8	6	3	4	9
6	3	4	7	9	1	2	8	5
8	9	5	4	3	2	7	1	6
7	2	6	1	5	3	4	9	8
9	1	8	6	4	7	5	3	2
4	5	3	8	2	9	1	6	7
3	6	9	2	1	5	8	7	4
2	4	1	9	7	8	6	5	3
5	8	7	3	6	4	9	2	1

92

9	5	8	4	2	7	6	3	1
4	2	6	8	3	1	5	7	9
3	1	7	9	5	6	8	4	2
2	7	3	6	8	9	4	1	5
5	6	1	7	4	2	3	9	8
8	4	9	5	1	3	7	2	6
1	3	4	2	6	5	9	8	7
7	8	5	1	9	4	2	6	3
6	9	2	3	7	8	1	5	4

Su Doku

93

4	3	6	8	5	2	1	7	9
2	5	1	7	9	6	3	8	4
9	7	8	1	3	4	6	5	2
5	4	3	6	8	9	2	1	7
8	9	7	2	1	3	4	6	5
6	1	2	4	7	5	9	3	8
7	6	4	5	2	1	8	9	3
1	8	9	3	4	7	5	2	6
3	2	5	9	6	8	7	4	1

94

6	9	4	8	5	1	2	7	3
2	5	1	7	9	3	8	4	6
3	8	7	4	6	2	1	9	5
5	2	6	9	4	7	3	8	1
1	7	8	5	3	6	4	2	9
4	3	9	1	2	8	5	6	7
9	1	3	6	8	4	7	5	2
7	4	5	2	1	9	6	3	8
8	6	2	3	7	5	9	1	4

95

8	5	9	2	7	4	6	1	3
6	1	2	5	8	3	4	9	7
4	7	3	6	1	9	5	8	2
7	9	4	8	2	1	3	6	5
1	3	6	7	9	5	2	4	8
5	2	8	4	3	6	9	7	1
3	4	1	9	5	7	8	2	6
9	8	5	1	6	2	7	3	4
2	6	7	3	4	8	1	5	9

96

1	7	3	2	6	8	4	9	5
4	8	2	7	5	9	6	1	3
5	6	9	3	4	1	2	8	7
2	5	1	4	9	3	7	6	8
9	3	8	6	2	7	5	4	1
7	4	6	8	1	5	3	2	9
6	9	7	1	3	4	8	5	2
3	1	4	5	8	2	9	7	6
8	2	5	9	7	6	1	3	4

97

8	9	5	2	6	4	7	1	3
4	3	7	5	9	1	6	2	8
1	2	6	3	8	7	9	5	4
3	6	9	7	4	5	1	8	2
7	5	4	8	1	2	3	9	6
2	8	1	6	3	9	4	7	5
5	4	2	1	7	3	8	6	9
9	7	8	4	2	6	5	3	1
6	1	3	9	5	8	2	4	7

98

6	5	9	1	3	8	7	2	4
3	8	7	4	9	2	6	1	5
4	2	1	5	7	6	9	8	3
9	3	8	2	1	7	5	4	6
7	1	2	6	5	4	3	9	8
5	6	4	9	8	3	2	7	1
2	9	3	8	6	1	4	5	7
1	7	5	3	4	9	8	6	2
8	4	6	7	2	5	1	3	9

99

5	3	8	2	4	7	9	1	**6**
7	**9**	**2**	**3**	**1**	6	**4**	5	8
6	4	1	5	8	9	2	**3**	7
9	**8**	7	6	2	5	**1**	4	3
4	5	**3**	**1**	9	**8**	**7**	6	**2**
2	1	**6**	7	3	4	8	**9**	5
3	**2**	5	9	7	1	6	8	**4**
8	6	**9**	4	**5**	**2**	**3**	**7**	1
1	7	4	8	6	3	5	2	9

100

1	4	**3**	9	**5**	6	**2**	7	8
5	**6**	8	**7**	4	2	9	3	**1**
9	7	**2**	8	3	1	6	5	4
8	1	7	**6**	2	5	3	**4**	**9**
2	3	**6**	4	8	9	**5**	1	7
4	**9**	5	3	1	**7**	8	2	**6**
6	5	9	2	7	4	**1**	8	3
3	2	4	1	6	**8**	7	**9**	5
7	8	**1**	5	**9**	3	**4**	6	**2**

101

4	6	9	3	8	2	1	7	5
2	3	1	7	9	5	8	6	4
7	8	5	1	4	6	2	9	3
1	4	3	5	7	9	6	2	8
8	9	6	4	2	3	7	5	1
5	2	7	8	6	1	3	4	9
6	1	8	2	5	4	9	3	7
9	7	4	6	3	8	5	1	2
3	5	2	9	1	7	4	8	6

102

2	3	4	1	9	5	6	8	7
5	8	1	2	6	7	9	4	3
9	6	7	4	3	8	5	1	2
1	7	5	3	2	6	8	9	4
6	2	9	7	8	4	3	5	1
3	4	8	5	1	9	2	7	6
4	9	2	6	5	1	7	3	8
8	1	6	9	7	3	4	2	5
7	5	3	8	4	2	1	6	9

103

8	1	7	6	4	2	3	5	9
5	9	3	8	1	7	6	4	2
4	2	6	5	3	9	8	1	7
2	7	1	9	8	4	5	3	6
6	4	8	7	5	3	2	9	1
9	3	5	1	2	6	4	7	8
3	5	9	2	6	1	7	8	4
1	8	2	4	7	5	9	6	3
7	6	4	3	9	8	1	2	5

104

7	6	2	4	8	3	1	5	9
5	4	8	6	9	1	7	3	2
9	3	1	7	5	2	8	6	4
4	2	6	8	7	5	3	9	1
3	1	5	2	4	9	6	7	8
8	9	7	3	1	6	4	2	5
1	7	3	5	2	8	9	4	6
6	5	9	1	3	4	2	8	7
2	8	4	9	6	7	5	1	3

105

4	2	7	5	1	8	3	9	6
8	5	6	3	9	4	2	7	1
9	1	3	2	6	7	4	8	5
2	6	5	4	7	9	8	1	3
1	8	9	6	3	2	5	4	7
3	7	4	1	8	5	6	2	9
7	9	2	8	5	6	1	3	4
6	4	1	7	2	3	9	5	8
5	3	8	9	4	1	7	6	2

106

6	9	7	8	2	4	3	1	5
3	1	8	9	6	5	2	4	7
5	2	4	3	7	1	6	8	9
4	7	6	2	5	9	1	3	8
1	5	2	6	8	3	9	7	4
8	3	9	1	4	7	5	2	6
2	6	5	4	1	8	7	9	3
7	4	3	5	9	2	8	6	1
9	8	1	7	3	6	4	5	2

107

9	1	3	2	8	5	4	7	6
2	5	4	9	7	6	1	8	3
7	8	6	1	4	3	2	5	9
6	3	9	4	5	8	7	2	1
5	7	2	3	1	9	8	6	4
8	4	1	7	6	2	9	3	5
1	6	7	5	2	4	3	9	8
4	9	8	6	3	7	5	1	2
3	2	5	8	9	1	6	4	7

108

9	1	8	7	5	6	3	2	4
4	2	3	1	9	8	5	6	7
7	5	6	4	2	3	1	9	8
3	8	7	2	6	4	9	1	5
6	4	1	5	7	9	2	8	3
5	9	2	3	8	1	4	7	6
1	6	5	8	3	2	7	4	9
2	7	9	6	4	5	8	3	1
8	3	4	9	1	7	6	5	2

109

9	7	**5**	8	4	6	1	2	3
8	**3**	6	1	**7**	2	4	5	9
4	**1**	**2**	**9**	5	3	7	6	8
3	2	**4**	5	1	**9**	**6**	**8**	7
7	8	1	**6**	2	**4**	9	3	**5**
6	**5**	**9**	**3**	8	7	**2**	1	4
5	6	8	4	9	**1**	**3**	**7**	**2**
1	9	7	2	**3**	5	8	**4**	6
2	4	3	7	6	8	**5**	9	1

110

7	6	9	2	1	5	8	3	4
8	1	**2**	7	**4**	3	9	5	6
5	4	**3**	9	**6**	8	**2**	**1**	7
3	**2**	5	4	8	6	**1**	**7**	9
1	**7**	**8**	3	5	9	**6**	**4**	2
6	**9**	**4**	1	7	2	3	**8**	5
4	**8**	**6**	5	**2**	**1**	**7**	9	3
9	5	1	**6**	**3**	**7**	**4**	2	8
2	3	7	8	9	4	5	6	1

111

5	6	7	9	1	4	8	3	2
8	1	2	6	3	7	9	4	5
9	4	3	2	5	8	6	7	1
7	5	4	3	9	1	2	8	6
1	8	6	7	4	2	3	5	9
3	2	9	5	8	6	4	1	7
2	3	1	8	6	5	7	9	4
4	7	8	1	2	9	5	6	3
6	9	5	4	7	3	1	2	8

112

1	9	5	3	6	4	8	7	2
2	8	3	5	7	9	4	1	6
6	7	4	8	1	2	5	9	3
3	2	7	4	9	6	1	5	8
8	5	1	7	2	3	6	4	9
4	6	9	1	5	8	2	3	7
9	1	2	6	3	5	7	8	4
5	4	6	9	8	7	3	2	1
7	3	8	2	4	1	9	6	5

Su Doku

113

1	4	7	5	3	8	2	9	6
8	3	5	9	2	6	7	1	4
2	9	6	4	1	7	5	8	3
7	8	1	3	4	9	6	5	2
3	2	4	6	5	1	9	7	8
6	5	9	8	7	2	4	3	1
4	6	8	1	9	5	3	2	7
9	1	2	7	6	3	8	4	5
5	7	3	2	8	4	1	6	9

114

8	9	2	6	4	3	5	7	1
5	7	3	9	2	1	6	4	8
4	6	1	5	8	7	2	9	3
9	1	8	7	3	6	4	5	2
2	4	6	1	5	8	9	3	7
3	5	7	2	9	4	1	8	6
1	3	9	8	6	5	7	2	4
6	8	5	4	7	2	3	1	9
7	2	4	3	1	9	8	6	5

115

6	9	3	1	4	8	5	7	2
4	1	8	5	7	2	6	9	3
7	5	2	3	6	9	8	4	1
8	7	5	6	3	4	1	2	9
1	3	6	2	9	7	4	8	5
2	4	9	8	5	1	7	3	6
9	2	1	4	8	6	3	5	7
5	8	7	9	1	3	2	6	4
3	6	4	7	2	5	9	1	8

116

2	8	7	3	4	5	9	6	1
5	9	4	8	6	1	3	2	7
3	6	1	7	9	2	5	4	8
6	7	8	1	5	9	2	3	4
9	3	2	4	8	7	6	1	5
4	1	5	2	3	6	7	8	9
7	2	3	9	1	8	4	5	6
1	5	9	6	2	4	8	7	3
8	4	6	5	7	3	1	9	2

Su Doku

117

1	9	7	4	6	5	3	2	8
5	6	4	8	2	3	9	7	1
3	8	2	1	9	7	4	5	6
7	3	1	2	8	4	6	9	5
4	2	6	5	1	9	7	8	3
9	5	8	7	3	6	2	1	4
2	4	5	6	7	1	8	3	9
6	7	3	9	5	8	1	4	2
8	1	9	3	4	2	5	6	7

118

5	7	2	3	6	4	9	8	1
9	6	1	7	8	5	2	3	4
3	4	8	9	2	1	6	5	7
1	3	5	8	9	2	7	4	6
2	8	4	5	7	6	1	9	3
7	9	6	4	1	3	5	2	8
8	2	9	6	3	7	4	1	5
4	1	7	2	5	8	3	6	9
6	5	3	1	4	9	8	7	2

Solutions

119

2	3	6	7	9	8	4	5	1
5	1	4	3	6	2	8	7	9
7	9	8	1	5	4	3	6	2
1	5	7	4	8	9	6	2	3
4	8	2	5	3	6	9	1	7
9	6	3	2	7	1	5	8	4
8	4	1	6	2	3	7	9	5
3	7	9	8	1	5	2	4	6
6	2	5	9	4	7	1	3	8

120

6	2	1	7	8	4	3	5	9
5	8	4	6	3	9	7	2	1
3	9	7	5	1	2	8	4	6
1	4	6	2	5	7	9	8	3
8	5	3	9	4	1	2	6	7
2	7	9	8	6	3	5	1	4
4	6	5	3	7	8	1	9	2
7	1	2	4	9	5	6	3	8
9	3	8	1	2	6	4	7	5

Su Doku

121

1	2	5	9	7	6	4	3	8
9	4	7	8	3	5	6	2	1
3	6	8	1	2	4	5	9	7
2	9	3	5	8	1	7	4	6
6	5	1	4	9	7	3	8	2
8	7	4	3	6	2	9	1	5
5	3	6	2	1	9	8	7	4
7	1	9	6	4	8	2	5	3
4	8	2	7	5	3	1	6	9

122

1	5	7	9	4	8	3	2	6
6	2	8	3	1	7	9	5	4
9	4	3	5	2	6	8	7	1
5	1	4	8	9	2	7	6	3
3	6	2	7	5	1	4	8	9
7	8	9	6	3	4	2	1	5
8	7	5	4	6	9	1	3	2
4	3	1	2	7	5	6	9	8
2	9	6	1	8	3	5	4	7

Solutions

123

5	6	9	7	1	4	8	3	2
1	2	4	8	9	3	7	6	5
8	7	3	6	5	2	9	4	1
3	1	2	5	6	9	4	7	8
7	9	6	2	4	8	5	1	3
4	8	5	3	7	1	2	9	6
2	4	7	1	8	6	3	5	9
9	3	1	4	2	5	6	8	7
6	5	8	9	3	7	1	2	4

124

1	8	3	7	2	5	9	4	6
4	6	9	1	3	8	5	7	2
7	5	2	6	9	4	8	1	3
5	1	4	8	7	2	3	6	9
2	7	6	3	4	9	1	8	5
9	3	8	5	1	6	7	2	4
6	4	1	9	5	7	2	3	8
3	2	5	4	8	1	6	9	7
8	9	7	2	6	3	4	5	1

Su Doku

125

6	9	4	3	8	7	5	1	2
2	7	1	4	9	5	8	3	6
3	5	8	6	2	1	4	7	9
5	8	6	1	3	4	9	2	7
7	2	9	5	6	8	1	4	3
1	4	3	9	7	2	6	8	5
8	3	5	7	4	6	2	9	1
9	1	2	8	5	3	7	6	4
4	6	7	2	1	9	3	5	8

126

3	9	4	5	6	1	7	2	8
6	8	5	3	2	7	1	9	4
7	2	1	9	8	4	5	3	6
1	4	3	7	9	6	8	5	2
8	6	7	2	3	5	4	1	9
9	5	2	1	4	8	3	6	7
5	7	6	8	1	9	2	4	3
2	1	9	4	7	3	6	8	5
4	3	8	6	5	2	9	7	1

127

4	2	1	3	7	5	6	9	8
9	6	5	1	2	8	3	7	4
8	7	3	4	9	6	5	1	2
3	8	7	2	4	1	9	6	5
5	9	4	7	6	3	8	2	1
2	1	6	8	5	9	7	4	3
1	5	2	9	3	7	4	8	6
6	4	9	5	8	2	1	3	7
7	3	8	6	1	4	2	5	9

128

1	7	9	8	2	5	4	3	6
8	2	4	1	6	3	5	9	7
5	3	6	4	7	9	2	8	1
9	6	1	5	4	8	7	2	3
2	4	8	9	3	7	1	6	5
7	5	3	2	1	6	9	4	8
6	8	2	7	5	4	3	1	9
4	9	5	3	8	1	6	7	2
3	1	7	6	9	2	8	5	4

Su Doku

129

7	8	5	**1**	9	6	3	**4**	2
1	2	3	**4**	**8**	5	7	6	**9**
9	4	6	3	7	**2**	1	8	5
2	**3**	7	5	4	**8**	**6**	9	1
8	**9**	4	2	6	1	5	**3**	**7**
5	6	**1**	**7**	3	9	8	**2**	**4**
3	7	8	**9**	5	4	2	1	6
6	1	9	8	**2**	**7**	4	5	3
4	**5**	2	6	**1**	**3**	9	7	8

130

1	8	3	**9**	2	**7**	4	6	**5**
7	**6**	2	4	**5**	8	1	9	**3**
4	9	5	**6**	1	3	2	7	**8**
6	1	8	5	**7**	**2**	**9**	3	4
2	4	9	3	8	6	5	1	7
3	5	**7**	**1**	**4**	9	8	2	6
5	2	4	7	6	**1**	3	8	9
9	7	1	8	**3**	5	6	**4**	**2**
8	3	6	**2**	9	**4**	7	**5**	**1**

Solutions

131

6	2	5	3	9	7	1	8	4
9	3	7	1	4	8	5	2	6
4	1	8	6	2	5	3	7	9
7	8	3	2	6	9	4	1	5
1	5	6	4	7	3	2	9	8
2	9	4	5	8	1	7	6	3
3	7	2	9	5	6	8	4	1
5	4	9	8	1	2	6	3	7
8	6	1	7	3	4	9	5	2

132

7	4	3	6	9	1	2	8	5
6	1	8	2	7	5	9	3	4
9	5	2	8	3	4	7	6	1
1	3	7	5	4	9	8	2	6
4	8	6	1	2	7	3	5	9
5	2	9	3	6	8	4	1	7
3	9	1	7	8	6	5	4	2
2	6	4	9	5	3	1	7	8
8	7	5	4	1	2	6	9	3

133

3	2	5	4	8	1	6	7	9
4	7	6	3	9	5	1	8	2
1	9	8	7	2	6	3	5	4
5	4	1	8	7	2	9	3	6
2	8	3	9	6	4	7	1	5
9	6	7	5	1	3	2	4	8
6	3	9	1	4	8	5	2	7
7	1	4	2	5	9	8	6	3
8	5	2	6	3	7	4	9	1

134

3	7	5	1	6	8	4	2	9
6	9	8	2	3	4	5	7	1
2	4	1	5	7	9	3	6	8
9	3	2	6	1	5	8	4	7
4	1	6	9	8	7	2	3	5
5	8	7	3	4	2	9	1	6
8	5	4	7	2	6	1	9	3
1	6	9	4	5	3	7	8	2
7	2	3	8	9	1	6	5	4

135

8	1	5	9	4	7	3	6	2
4	9	6	5	2	3	7	1	8
7	3	2	1	6	8	5	4	9
9	2	8	6	7	4	1	3	5
3	5	7	8	1	2	6	9	4
6	4	1	3	5	9	2	8	7
2	8	4	7	3	6	9	5	1
5	7	3	4	9	1	8	2	6
1	6	9	2	8	5	4	7	3

136

5	3	9	4	7	6	1	2	8
8	2	6	9	5	1	4	3	7
4	1	7	3	8	2	5	6	9
6	5	4	2	1	7	9	8	3
7	9	3	6	4	8	2	1	5
2	8	1	5	9	3	6	7	4
9	6	2	8	3	5	7	4	1
3	7	5	1	2	4	8	9	6
1	4	8	7	6	9	3	5	2

Su Doku

137

5	1	3	6	8	9	4	2	7
2	6	7	5	3	4	1	8	9
9	4	8	2	7	1	5	3	6
7	5	9	4	6	8	3	1	2
3	8	6	1	2	7	9	4	5
1	2	4	9	5	3	7	6	8
6	7	1	8	4	5	2	9	3
8	9	5	3	1	2	6	7	4
4	3	2	7	9	6	8	5	1

138

4	2	1	6	9	8	7	5	3
9	3	6	1	7	5	8	4	2
7	8	5	3	4	2	9	1	6
6	5	2	8	1	7	3	9	4
8	1	4	2	3	9	5	6	7
3	7	9	4	5	6	1	2	8
2	6	7	5	8	1	4	3	9
5	9	3	7	6	4	2	8	1
1	4	8	9	2	3	6	7	5

139

1	9	8	6	7	3	4	2	5
4	2	7	1	8	5	9	3	6
3	6	5	4	9	2	1	8	7
7	5	1	2	4	8	6	9	3
9	8	3	5	6	7	2	4	1
2	4	6	3	1	9	5	7	8
5	1	2	8	3	4	7	6	9
6	3	9	7	2	1	8	5	4
8	7	4	9	5	6	3	1	2

140

6	3	5	8	9	2	1	7	4
9	7	2	4	3	1	5	8	6
1	8	4	5	7	6	2	3	9
8	2	3	6	1	4	7	9	5
4	5	9	2	8	7	3	6	1
7	6	1	9	5	3	4	2	8
3	1	8	7	6	5	9	4	2
5	4	6	3	2	9	8	1	7
2	9	7	1	4	8	6	5	3

Su Doku

141

7	6	1	2	9	8	5	3	4
4	3	2	6	7	5	1	9	8
8	5	9	3	4	1	7	6	2
1	4	5	9	2	7	6	8	3
2	9	8	1	6	3	4	7	5
6	7	3	8	5	4	2	1	9
9	1	4	5	8	6	3	2	7
3	2	7	4	1	9	8	5	6
5	8	6	7	3	2	9	4	1

142

6	3	4	7	2	8	9	5	1
1	9	2	5	6	3	4	7	8
8	5	7	1	9	4	3	6	2
7	6	3	4	5	2	8	1	9
5	4	1	6	8	9	2	3	7
9	2	8	3	7	1	6	4	5
2	7	5	9	3	6	1	8	4
3	1	9	8	4	5	7	2	6
4	8	6	2	1	7	5	9	3

143

7	8	1	5	2	4	9	3	**6**
9	5	6	1	8	**3**	**2**	7	4
3	4	2	**9**	**7**	**6**	1	5	**8**
2	6	**4**	**8**	5	9	3	**1**	**7**
5	**7**	8	**2**	**3**	**1**	4	**6**	9
1	**9**	3	6	4	**7**	**8**	2	5
8	2	7	**4**	**1**	**5**	6	9	3
6	1	**5**	**3**	9	8	7	4	**2**
4	3	9	7	6	2	5	8	1

144

1	**3**	6	**9**	8	**5**	**7**	4	2
7	9	2	1	**4**	**3**	5	8	**6**
5	4	**8**	7	6	2	**9**	3	1
2	**7**	5	8	1	9	4	6	**3**
6	**8**	3	5	**7**	4	1	**2**	9
4	1	9	2	3	6	8	**5**	**7**
9	2	**1**	6	5	8	**3**	7	**4**
3	5	7	**4**	**2**	1	6	9	8
8	6	**4**	**3**	9	**7**	2	**1**	5

145

9	5	1	4	7	6	8	2	3
7	4	6	8	3	2	1	9	5
8	3	2	5	1	9	7	6	4
3	7	8	9	6	1	4	5	2
6	1	4	2	8	5	9	3	7
2	9	5	7	4	3	6	1	8
4	6	9	3	5	7	2	8	1
1	8	3	6	2	4	5	7	9
5	2	7	1	9	8	3	4	6

146

7	3	1	4	5	2	9	8	6
9	2	4	8	6	3	5	7	1
5	8	6	9	1	7	3	4	2
2	5	8	3	9	6	7	1	4
4	9	3	2	7	1	6	5	8
1	6	7	5	8	4	2	3	9
6	1	9	7	4	5	8	2	3
3	4	5	6	2	8	1	9	7
8	7	2	1	3	9	4	6	5

147

3	7	6	8	1	5	4	2	9
9	8	2	4	7	3	6	5	1
4	5	1	6	9	2	8	7	3
7	6	5	9	2	8	3	1	4
1	4	3	5	6	7	2	9	8
2	9	8	1	3	4	5	6	7
8	3	7	2	5	1	9	4	6
5	1	9	3	4	6	7	8	2
6	2	4	7	8	9	1	3	5

148

8	6	4	3	1	5	7	9	2
7	9	5	2	8	4	1	3	6
1	2	3	7	9	6	5	8	4
5	4	8	9	3	1	2	6	7
9	7	1	6	2	8	4	5	3
6	3	2	4	5	7	9	1	8
2	1	9	8	4	3	6	7	5
4	8	7	5	6	9	3	2	1
3	5	6	1	7	2	8	4	9

149

3	2	**5**	**1**	6	4	**9**	**7**	8
7	**8**	9	2	3	**5**	1	**4**	6
4	6	**1**	8	9	7	2	3	**5**
1	4	8	**9**	**7**	2	**5**	6	3
9	3	2	5	**8**	6	7	1	**4**
5	7	**6**	4	**1**	**3**	8	2	9
2	9	3	6	5	1	**4**	8	7
8	**1**	7	**3**	4	9	6	**5**	2
6	**5**	**4**	7	2	**8**	**3**	9	1

150

8	1	**2**	7	9	**5**	3	**4**	6
4	7	5	**6**	**2**	3	9	8	1
9	3	**6**	8	4	1	**7**	2	**5**
2	5	8	**3**	6	**9**	1	**7**	4
3	**9**	1	4	**8**	7	6	**5**	2
7	**6**	4	**1**	5	**2**	8	3	**9**
6	4	**9**	5	7	8	**2**	1	3
1	2	7	9	**3**	**4**	5	6	**8**
5	**8**	3	**2**	1	6	**4**	9	7